Peter Wolter

Nordrhein-Westfalen

Radeln für die Seele auf alten Bahntrassen

Droste Verlag

ALLE TOUREN AUF EINEN BLICK

Liebe Leserin,
lieber Leser,

nirgendwo lässt es sich besser träumen und die Seele baumeln lassen als beim Radeln auf alten Bahntrassen, abseits vom hektischen und lauten Straßenverkehr. Wenn Sie dies wollen und dabei schöne, stille Landschaften und historische Orte kennenlernen möchten, dann ist das Radeln auf alten Bahntrassen genau das Richtige.

Bahn und Rad stellen die ideale Symbiose dar, wenn es darum geht, sich Landschaften und Regionen auf angenehme und umweltfreundliche Art zu erschließen. Die Strecken weisen keine größere Steigung als etwa 2 Prozent auf, denn zu Dampflokzeiten brauchten die Züge sonst eine Schiebelokomotive, was teuer und aufwendig war. Zudem sind die ehemaligen Bahnstrecken vielfach mit alten Bäumen und Buschwerk tunnelartig zugewachsen, was ideal vor zu viel Sonne, Wind und Regen schützt. Auf Dämmen, Brücken und Viadukten geht es erhöht über die Landschaft hinweg, oder wir rollen durch Tunnel, was einen besonderen Reiz ausübt, wenn man radelnd die Bewegungsmelder aktiviert und das Licht angeht.

Ganz nebenbei erfahren Sie viel über NRW, die Regionen und über Kultur am Wegesrand. Da die Radwege gut ausgeschildert sind, kann die Wegbeschreibung kurz gehalten werden, umso mehr erfahren Sie über die Geschichte der Bahn und den Bau der BahnRadwege.

Als ehemaliger Eisenbahner und passionierter Fahrradfahrer ist es mir ein besonderes Vergnügen, Ihnen die schönsten BahnRadwege in NRW ans Herz zu legen.

Ihr
Peter Wolter

NATUR-INFO

KULTUR-INFO

TOUREN-/EVENT-INFO

GENUSS-INFO

- 67 Kilometer
- 147 Höhenmeter
- 6 Stunden
- Strecke

Auenlandschaft an der Aa

Grenzgänger

Von Bocholt nach Enschede (NL)

Rathaus Bocholt

Wir starten am Bahnhofsvorplatz Bocholt und überqueren mit den Gleisen im Rücken nach rechts die **Ebertstraße.** Dann folgen wir der **Kreuzstraße** bis zur Fußgängerzone und erreichen von dort nach rechts eine Brücke über die **Bocholter Aa.** Hier bietet sich links ein schöner Blick auf die schwimmende Caféinsel. Wir folgen der Radwegweisung Richtung Radstation 300 Meter geradeaus und dann in die **Königstraße** und weiter bis zum **Rathaus 1.**

Wir fahren zurück bis zur **Aa-Brücke,** jetzt folgen wir der Radwegweisung nach links Richtung **Rhede.**

Wir genießen das Dahinrollen entlang dem Flusslauf und wechseln an der Brücke des **Theodor-Heuss-Rings** auf die andere Seite der Aa. Kurz hinter der Brücke sollten wir einen Blick auf die alte, rostige Eisenbahnbrücke werfen, ein Relikt der ehemaligen Bahnstrecke von Bocholt nach Winterswijk. Kurz darauf sehen wir links den Schornstein der einstigen Spinnerei Herding mit dem **LWL-Industriemuseum Textilwerk Bocholt 2.**

Wir radeln weiter gemäß der Radwegweisung in Richtung **Winterswijk.** Dabei stoßen wir bald auf die alte Bocholter Bahntrasse. Niederländisch: **Oude Bocholtsebaan.**

*Das historische **Rathaus Bocholt** geht auf die Zeit des Dreißigjährigen Krieges zurück. Den Giebel ziert der Stadtpatron St. Georg, das Erkerfenster die vier Kardinaltugenden Gerechtigkeit, Tapferkeit, Mäßigung und Klugheit. Anders als die meisten westfälischen Rathäuser steht es mit der Langseite und nicht mit dem Giebel zum Marktplatz.*

Auszeittour 1

__Groenlo__ ist eine alte Festungsstadt. Noch heute ist der Ausdruck geläufig: „zo vaste as Grolle" – „so fest wie Groenlo". Das Herz der historischen Altstadt ist die alte Zitadelle. Ein schöner Marktplatz lädt zum Verweilen ein, Rathaus und Stadtmuseum zeigen typisch niederländische Architektur.

Zwischen April und Juli sind im Zwillbrocker Venn __Flamingos__ zu Hause. Es ist die weltweit nördlichste Kolonie der beliebten rosa Vögel.

Nach längerer Fahrt auf der ausgeschilderten Strecke erreichen wir **Winterswijk** ❸ in den Niederlanden und fahren weiter nach der Radwegweisung Richtung **Centrum,** wo wir den **Eissalon Roberto** ❹ finden.

Wir radeln zum Bahnhof Winterswijk, fahren 100 Meter nach rechts und dann links über die Bahn. Anschließend geht es über den **Misterweg** 200 Meter bis zu einem Kreisverkehr. Hier radeln wir rechts weiter und folgen der Straße **Europlaan** rund 600 Meter bis zu deren Ende. Nun biegen wir links in den **Mentinkweg** und unmittelbar danach wiederum rechts in den **Groetersweg.** Nach rund 300 Metern kreuzen wir nach rechts eine Bahn und radeln auf der alten Bahntrasse weiter in Richtung **Knotenpunkt 6.** Weiter folgen wir der roten Radwegweisung Richtung Groenlo auf der alten Bahntrasse. Die letzten 2 Kilometer geht es an der **N 319** entlang. Am Ortseingang von **Groenlo** ❺ verlassen wir die Radroute nach links über den **Winterswijksweg** zur Stadtmitte.

Östlich von Groenlo, gleich hinter der deutschen Grenze, liegt im Zwillbrocker Venn eine Attraktion für Tierfreunde: die **Flamingoinsel** ❻.

Brücke über die Berkel bei Eibergen

Für die Seele

Die niederländische Leichtigkeit, eine alte Festungsstadt und frei lebende Flamingos sorgen für Urlaubsgefühle.

Wir fahren rund 600 Meter zurück, biegen rechts in den **Oude Winterswijksweg** ein und stoßen auf die Radwegweisung Richtung **Neede.** Sie führt uns nach links in den Parallelweg.

Hinter dem Ortsausgang Eibergen kreuzen wir alsbald auf einer Brücke die Berkel, die in Billerbeck entspringt und bei Zutphen in die Ijssel mündet.

In **Neede** endet die Radwegtrasse auf dem **Parallelweg,** den wir nach links befahren bis zu einem Kreisverkehr und dort nach rechts in den **Stationsweg** abbiegen – der Straßenname erinnert noch an die einstige Bahnepoche.

Wer nach Enschede weiterfahren will, biegt vom Stationsweg nach rechts in die **Oudestraat** ein und folgt ihr rund 250 Meter bis rechts zur **Ruwenhofstraat.** Nach 700 Metern geht diese über in die N 315, die innerorts den Namen **Haaksbergseweg** trägt. Von hier ab folgen wir der Radwegweisung bis **Haaksbergen.** Dort stoßen wir auf die Radwegweisung nach **Enschede Bahnhof,** die uns zu unserem Zielpunkt bringt.

Wer mehr Zeit hat, kann auch mit dem Knotenpunktsystem über ruhigere Wege von Neede nach Enschede radeln: Vom Knotenpunkt 81 Ecke Bleekenweg/Peppelendijk sind bis Enschede die folgenden Knotenpunkte anzufahren: **61, 60, 50, 51, 52, 82** bei Haaksbergen, **83, 47, 46, 36** bei Boekelo, **37, 38, 35** und **32** in Eschede. 100 Meter vor dem Knotenpunkt 32 wird die Bahn gekreuzt. Hier sieht man links den Bahnhof Enschede.

Alte Bocholter Bahn

Bocholter Bahn

Die eingleisige Bahnstrecke Wesel–Bocholt wurde 1878, nach langer Planung, endlich eröffnet. Schon 1880 kam ein weiterer Abschnitt dazu: Bocholt–Winterswijk. Dies war vor allem für die Bocholter Textilindustrie von entscheidender Wichtigkeit, um über die Bahn den Baumwolltransport sicherzustellen. Zudem erreichte man von Winterswijk die Bahnanschlüsse nach Zuthen, Doetinchem und nach Borken. Infolge der wirtschaftlichen Probleme, die der Erste Weltkrieg mit sich brachte, wurde die Bahnstrecke aber bereits 1918 für den Personenverkehr und 1931 für den Güterverkehr wieder stillgelegt. In den Nachkriegsjahren wurden auf den schlecht kontrollierten Radwegen oft Kaffee, Butter, Zucker und andere Güter per Fahrrad, niederländisch Fietse, über die Grenze nach Deutschland geschmuggelt. Ganz findige Tüftler haben es sogar geschafft, die Fahrradreifen mit Kaffeebohnen zu füllen. Seit vielen Jahren profitieren die Radler von der Stilllegung und können auf der sogenannten Bocholter Bahn, auf Niederländisch Oude Bocholtsebaan (alte Bocholter Bahn), die weite Landschaft genießen.

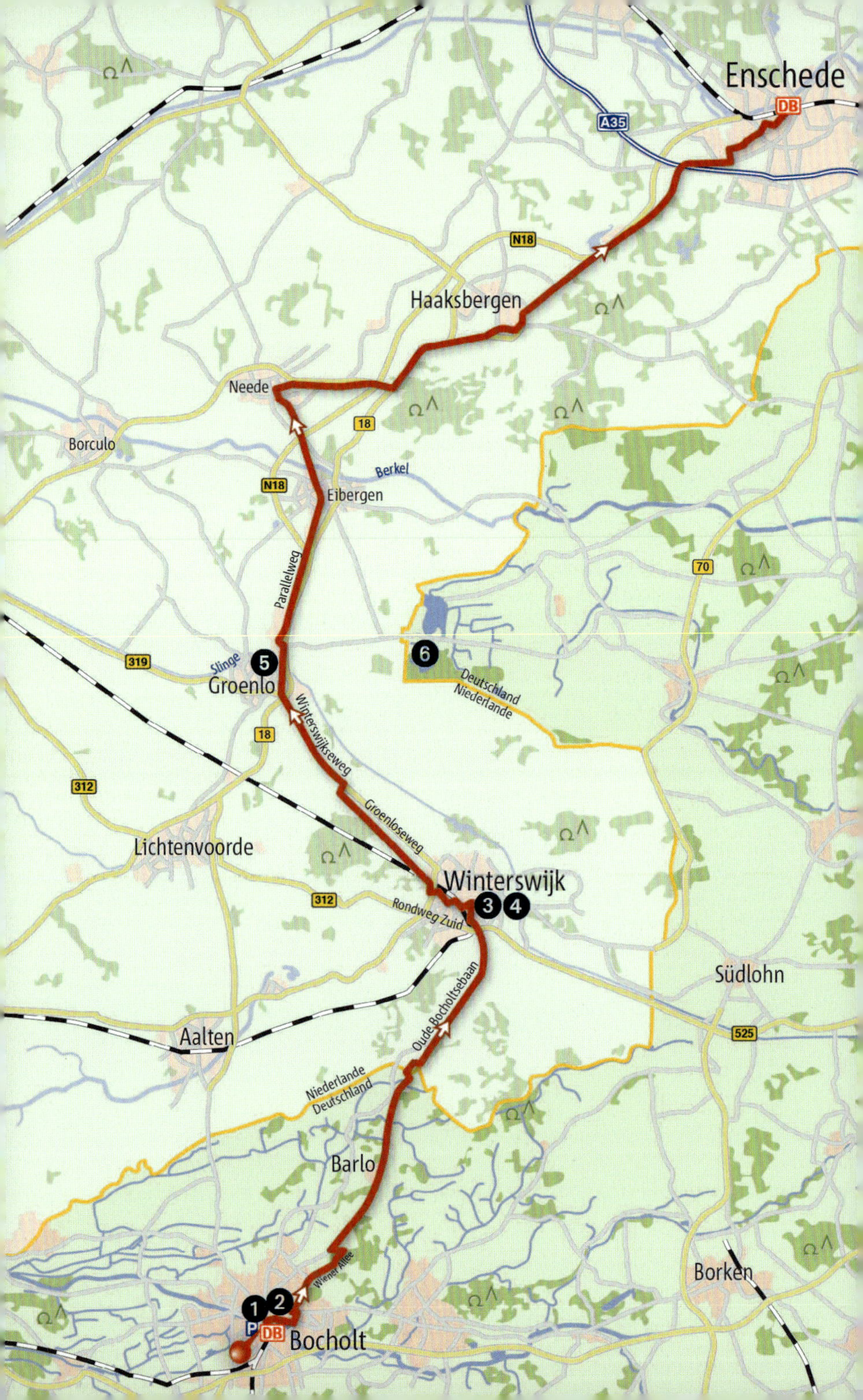
Enschede
DB
A35
N18
Haaksbergen
Neede
18
Borculo
Berkel
N18
Eibergen
70
Parallelweg
6
319
Slinge
5
Groenlo
Deutschland
Niederlande
Winterswijkseweg
18
312
Groenloseweg
Lichtenvoorde
Winterswijk
3
4
312
Rondweg Zuid
Südlohn
Oude Bocholtsebaan
Aalten
525
Niederlande
Deutschland
Barlo
Wiener Allee
Borken
1
2
P
DB
Bocholt

Entspannung ★★★★☆
Genuss ★★★☆☆
Romantik ★★★★☆

WIE & WANN:
Asphaltierte und außerorts oft wassergebundene Wege;
keine nennenswerten Steigungen; wegen der Flamingos am schönsten von April bis Juli

HIN & WEG:
Auto: Parkplatz Hindenburgstraße, Bocholt (GPS 51.832775, 6.618776)
ÖPNV: RB 32 bis Bocholt; Rückkehr zum Ausgangspunkt: RB von Enschede bis Coesfeld, von dort Bus R 51 bis Bocholt Bf.

ESSEN & ENTSPANNEN:
Eissalon Roberto ❹ Markt 19, NL 7101 DA Winterswijk, Tel. (00 31) (6) 49 28 23 07

ENTDECKEN & ERLEBEN:
Historisches Rathaus Bocholt ❶ Marktplatz, 46399 Bocholt
LWL-Industriemuseum Textilwerk Bocholt ❷ Uhlandstraße 50, 46397 Bocholt, Tel. (0 28 71) 2 16 11-0, www.lwl-industriemuseum.textilmuseum-bocholt.de
Winterswijk ❸
Festungsstadt Groenlo ❺
Flamingoinsel ❻

- 21 Kilometer
- 280 Höhenmeter
- 2 Stunden
- Strecke

Im Grugapark

Kohle & Stahl

Von Essen nach Mülheim (Ruhr)

Wir verlassen den Parkplatz am Bahnhof Essen-Steele Ost mit den Bahnanlagen im Rücken nach rechts und radeln etwa 500 Meter parallel zur DB-Strecke, bevor wir in einem Linksbogen auf dem BahnRadweg weiterfahren. Auf der wassergebundenen Oberfläche geht es die nächsten 1,5 Kilometer bergan, bis wir vor den Resten der alten **Zechenanlage Eintracht-Tiefbau** ① stehen. 1913 waren hier rund 2000 Menschen beschäftigt und wurden über 600.000 Tonnen Kohle gefördert.

An der Ruhr

Nachdem wir diesen alten Zeugen des Bergbaus in der Region in Augenschein genommen haben, genießen wir die schöne Abfahrt zurück zum Bahnhof Essen-Steele Ost.

Hinter dem Bahnhof stoßen wir auf die **Bochumer Landstraße,** folgen dem straßenbegleitenden Radweg 150 Meter nach links durch die Bahnunterführung und biegen dann links ab Richtung **Ruhr.** Am Fluss geht es rechts weiter und unter einer Bahnbrücke hindurch. Etwa 300 Meter weiter radeln wir rechts hoch zur **Kurt-Schumacher-Straße.** Hier queren wir die **Henglerstraße** geradeaus und folgen rund 250 Meter der Straße **Grendtor** bis zum **Grendplatz** rechts. Quert man den

Steele, *bereits 840 urkundlich erwähnt, erlangte 938 beachtliche historische Bedeutung: In dem Jahr hielt der Frankenkönig und spätere Kaiser Otto I. einen Hoftag hier ab. 1578 bekam die Siedlung Stadtrechte und wurde 1929 in die Stadt Essen eingemeindet.*

Auszeittour 2

Kastenbrücke über der Ruhr

Grendplatz, stößt man auf die **Hansastraße,** der man links gut 100 Meter bis zum **Kaiser-Otto-Platz** in die Innenstadt von **Essen-Steele** ② folgt.

Zurück aus Essen-Steele queren wir nach rechts die **Henglerstraße** und folgen der Radwegweisung Richtung **Essen-Rellinghausen.** Nach 200 Metern stoßen wir links wieder auf die **Ruhr** ③.

600 Meter weiter rollen wir auf einer Kastenbrücke über den Fluss, der sich an dieser Stelle teilt und eine Mittelinsel bildet. 1000 Meter weiter folgen wir der Radwegweisung Richtung **Essen-Rüttenscheid,** können im **Café Bar Celona Finca** ④ eine Pause einlegen und unterqueren dann die B 227. Es folgt ein leichter Anstieg von rund 1000 Metern Länge zum **Glockenberg.** Etwa 3 Kilometer hinter ihm sehen wir links die Tore zum **Grugapark** ⑤.

Von hier folgen wir der Radwegweisung Richtung **Mülheim (Ruhr)-Heißen.** Nach weiteren 4 Kilometern ste-

*Die **Ruhr** entspringt bei Winterberg und mündet nach 219 Kilometern bei Duisburg in den Rhein. An ihren Ufern begann der Bergbau, weil hier die Kohlenflöze bis an die Erdoberfläche reichten. Die Ruhr war immer ein Trinkwasserlieferant für die Region.*

Für die Seele

Die ewige Natur hat sich das Ruhrgebiet an vielen Stellen wieder zurückerobert und damit Wohlfühloasen für die Menschen geschaffen.

Grugapark Essen

Blick von der Schlossbrücke auf die Ruhr

*Der Name des **Grugaparks** leitet sich ab von der Großen Ruhrländischen Gartenbau-Ausstellung, die 1929 stattfand. Nach der Zerstörung im Zweiten Weltkrieg erfolgte der Wiederaufbau und 1952 die Wiedereröffnung. Ein Highlight ist das sogenannte Hundertwasserhaus.*

hen wir am Endpunkt des BahnRadwegs vor dem **Frohnhauser Weg.** Gegenüber sehen wir den Bahndamm, über den es zukünftig, wenn der **Radschnellweg** Ruhr fertig ist, über die Rheinische Bahn weitergehen wird.

Wir radeln rund 500 Meter zurück und folgen ab **Postreitweg** rechts der Radwegweisung Richtung **Mülheim Zentrum.** Nach etwa 3 Kilometern folgen wir der Radwegweisung Richtung **Duisburg Zentrum** bis zur **Schlossbrücke** und genießen hier den Blick auf die Ruhr. Zum Hauptbahnhof Mülheim (Ruhr) radeln wir etwa 500 Meter zurück bis zum **Kaiserplatz,** von dort links in die **Eppinghofer Straße** und sehen dann rund 300 Meter rechts den Hauptbahnhof.

Essen-Freisenbruch–Essen-Steele Ost

Die Bahnstrecke von Essen-Freisenbruch nach Essen-Steele Ost wurde ursprünglich als Grubenbahn angelegt. In der Umgebung des heutigen Bahnhofs Steele-Ost (früher: Steele Hauptbahnhof) wurde nämlich bereits seit 1650 Kohle aus zum Teil nur 18 Meter Tiefe gefördert. Nachdem die Stollen langsam erschöpft waren, teufte man im Jahr 1856 den ersten Schacht ab. Das einstige Mundloch des Hünninghauser Erbstollens liegt unter dem heutigen Bahnhof Steele-Ost. Mit einer Länge von knapp 2,5 Kilometern gehörte er zu den sehr langen Stollen. Wann die erste Grubenbahn entstand, ist nicht bekannt. 1925 schloss die Zeche Eintracht-Tiefbau, und die Fettfabrik Velten nutzte die Bahn. Deren Streckenstilllegung erfolgte 1980. 1996 ließ der Kommunalverband Ruhr hier einen 2,5 Kilometer langen Radweg anlegen. Zwischen August 1872 und Januar 1879 wurde von der Rheinischen Bahn nach und nach der Bahnbetrieb zwischen Mülheim (Ruhr)-Heißen und Essen-Steele, zunächst auf Teilstrecken, aufgenommen. Die Stilllegung erfolgte von Mai 1965 bis 1999 zuerst für den Personen- und zuletzt für den Güterverkehr. Der Radweg ist seit 2004 komplett befahrbar und gehört zum überregionalen Radwegenetz Nordrhein-Westfalen.

Bochold
Kray
Essen
Dümpten
Frohnhausen
Freisenbruch
Markt
Steele
DB
P
Holsterhausen
Frohnhauser Weg
Borbecker Mühlenbach
Hengle rstraße
Ruhr
Ruhrallee
Berghausen
Ulmenstraße
Grugapark
Gracht
Dickswall
Essener Straße
Mülheim
an der Ruhr
Rellinghausen
Baldeneysee
Heisingen
40
52
224
227
1
44
1
2
3
4
5

Entspannung ★★★★★
Genuss ★★★☆☆
Romantik ★★★★☆

WIE & WANN:
Überwiegend asphaltierte Wege, Richtung Freisenbruch wassergebundene Oberfläche und eine Steigung; ganzjährig befahrbar, für die Gruga ist die beste Zeit im Frühling und Sommer

HIN & WEG:
Auto: Parkplatz am Bahnhof Essen-Steele Ost (GPS: 51.443779, 7.090227)
ÖPNV: S 1 oder S 3 bis Essen-Steele Ost; Rückkehr zum Ausgangspunkt: ab Mülheim Hbf. S 1 oder S 3 bis Essen-Steele Ost

ESSEN & ENTSPANNEN:
Café Bar Celona Finca ❹ Westfalenstraße 4, 45136 Essen, Tel. (02 01) 59 27 67 37

ENTDECKEN & ERLEBEN:
Ehemalige Zeche Eintracht-Tiefbau ❶ Alleestraße, 45279 Essen
Essen-Steele ❷
Ruhr ❸
Grugapark Essen ❺ Virchowstraße 167 a, 45147 Essen, Tel. (02 01) 8 88 31 06, www.grugapark.de

* 40 Kilometer
* 306 Höhenmeter
* 3,5 Stunden
* Strecke

Aachener Dom

Kaiser & Herzog

Von Aachen nach Jülich

Wir fahren vom Bahnhofsvorplatz Aachen Hbf. gegenüber links in die **Leydelstraße** etwa 100 Meter bis zur **Wallstraße** und stoßen links nach 150 Metern auf das gut erhaltene **Marschiertor** ①, eines der einst elf Stadttore Aachens.

Wir fahren etwa 300 Meter weiter auf der **Wallstraße** bis zur **Theaterstraße,** biegen dort links und bereits nach 30 Metern wiederum rechts in die **Schützenstraße** und nach weiteren 30 Metern sofort wieder links in die **Wirichsbongardstraße** ein. 250 Meter weiter radeln wir rechts in die **Peterstraße** und sehen links den **Elisenbrunnen** ②.

In Sichtweite, etwa 150 Meter entfernt, befindet sich der **Dom zu Aachen** ③.

Vom Elisenbrunnen fahren wir die **Peterstraße** ein Stück weiter und biegen nach 150 Metern rechts in die **Blondelstraße** ein. Auf den nächsten rund 5 Kilometern folgen wir der Radwegweisung Richtung **Würselen.** Wir passieren den **Europaplatz** und stoßen kurz darauf auf die 57 Kilometer lange Wurm, die am Duisbergkopf im Aachener Wald entspringt und wurmartig windend bei Heinsberg in die Rur mündet.

Bevor wir die A 4 unterqueren, rollen wir nah am Stadtteil Soers vorbei, wo sich das Fußballstadion Tivoli befindet und auch das Stadion des **CHIO** ④. Der CHIO findet nach den Statuten der Internationalen

__Aachener Printen__ sind braune Lebkuchen, die es so seit etwa 1820 gibt. Ihr besonderer Geschmack entsteht u.a. durch Rübensaft, braunen Zucker und einige Kräuter.

Elisenbrunnen

Die 30 Thermalquellen im Aachener Talkessel (bis zu 70 Grad!) haben Karl den Großen sicherlich bewegt, Aachen zum Hauptsitz auszuwählen. Der __Elisenbrunnen__ wurde von Johann Peter Cremer und Karl Friedrich Schinkel im klassizistischen Stil erbaut.

Reiterlichen Vereinigung in jedem Land nur einmal statt. In Deutschland ist das Reiterfest seit 1924 neun Tage lang im Sommer in Aachen.

Wir folgen weiter der Radwegweisung Richtung **Würselen.** Den Ort durchfahren wir in einem großen Bogen auf der ehemaligen Bahntrasse, entlang der **Friedrichstraße** und dem **Brückweg.** Wer die **Burgruine Wilhelmstein** ⑤ besuchen möchte, macht folgenden Abstecher: Bei Kilometer 14 radeln wir an der Straße **Am Kaiser,** wo die Wegführung einen Rechtsknick macht, rund 50 Meter geradeaus auf der **Pleyer Straße** weiter und biegen nach links in die Straße **An Wilhelmstein** ein, um nach rund 250 Metern vor der Burgruine zu stehen.

*Der **Aachener Dom** ist das erste Bauwerk Deutschlands, das zum Weltkulturerbe der UNESCO erhoben wurde. In dieser Kirche ist Kaiser Karl der Große gekrönt und begraben worden. 600 Jahre war sie Krönungskirche deutscher Könige und Kaiser.*

Jetzt radeln wir weiter nach der Radwegweisung Richtung **Herzogenrath.** Ab Kilometer 15 lassen wir uns von der Radwegweisung Richtung **Alsdorf** leiten. Ab etwa Kilometer 18 wird bereits wieder eine andere Aufschrift auf den Schildern aktuell: Sie lautet jetzt **Übach-Palenberg.** Etwa 1 Kilometer fahren wir an der **Geilenkirchener Straße** entlang, dann überqueren wir die

Brücke über die Rur

Für die Seele

Hier spürt man auf Schritt und Tritt über 2000 Jahre alte Geschichte und Geschichten über den Bergbau und den CHIO Aachen mit Pferden und Emotionen.

Grube Anna

Bahnlinie Herzogenrath–Eschweiler. Nach weiteren 200 Metern geht es rechts auf eine ehemalige Bahntrasse, und wir richten uns nach der Radwegweisung Richtung **Alsdorf.** Von nun an radeln wir überwiegend auf BahnRadwegen nach Jülich. Wir sind jetzt auf der alten, 2,5 Kilometer langen Grubenbahn der Grube Adolf bei Merkstein und der Grube Anna bei Alsdorf unterwegs. Alsbald sehen wir rechts Schlackenberge – Zeugen des einstigen Aachener Kohlereviers. Vor uns tauchen die Reste der sehenswerten **Grube Anna** 6 auf.

Wir fahren weiter, der Radwegweisung Richtung **Alsdorf-Mariadorf** folgend. Zunächst können wir aber noch einen Abstecher zum **Eiscafé Pinguin Fileti** 7 machen: Dafür biegen wir rund 500 Meter hinter dem Museumsbergwerk Anna nach links in die **Bahnhofstraße** ab und fahren rund 400 Meter bis zur Eisdiele.

Nachdem wir hinter Alsdorf etwa 1 Kilometer an der Bahnlinie nach Eschweiler entlanggeradelt sind, überqueren wir diese bei Kilometer 26 nach links, fahren durch Alsdorf-Mariadorf und folgen der Radwegweisung Richtung **Aldenhoven** und **Jülich.** Von nun an geht es zur Rur kontinuierlich bergab, und das Rad rollt fast von alleine über den gut ausgebauten BahnRadweg.

Etwa 2 Kilometer vor Jülich queren wir über eine blaue Brücke die **Rur.** Die gegenüberliegende Brücke, über die das Gegengleis der einstigen Bahnstrecke verlief, rostet langsam vor sich hin. In Jülich folgen wir der Radwegweisung Richtung **Jülich-Zentrum.** An der **Kreuzung Friedrich-Ebert-Straße/Adolf-Fischer-Straße** folgen wir nach rechts der Radwegweisung Richtung **Jülich-Bahnhof** und sind nach 500 Metern am Ziel.

Wer noch Zeit und Lust hat, fährt hier weiter geradeaus über die **Friedrich-Ebert-Straße** und **Bongartstraße** ins Stadtzentrum und landet auf dem **Marktplatz 8.** Jülich mit seiner 2000-jährigen Geschichte zeigt sich heute als moderne Stadt. Mit dem Forschungs- und Technologiezentrum sowie dem Campus Jülich der Fachhochschule Aachen verfügt sie über eine erstaunliche Forschungs- und Wissenschaftsdichte. Wir fahren etwa 200 Meter weiter über die **Düsseldorfer Straße** und sehen vor uns die gewaltige **Zitadelle 9** von Jülich.

*Die **Zitadelle Jülich** war Bestandteil der Festungsanlage Jülich mit einer kompletten Stadtmauer. Der gotische doppeltürmige Hexenturm ist geblieben. Das Innere der Festung wurde für Herzog Wilhelm V. im Stil der italienischen Hochrenaissance gestaltet.*

Zitadelle Jülich

Aachen Nord–Jülich

Die Bahnstrecke Aachen Nord–Jülich wurde durch die 1871 gegründete Aachener Industriebahn Actiengesellschaft in den 1870er-Jahren gebaut und bereits in den 1980er-Jahren abschnittsweise stillgelegt. Im früheren Empfangsgebäude des Bahnhofs Aachen Nord am Grünen Weg befindet sich heute ein Getränkemarkt. Der Güterbahnhof wird jedoch weiterhin genutzt, hier befindet sich unter anderem der Gleisanschluss der traditionsreichen Waggonfabrik Talbot. Bedient wird der Güterbahnhof mit einem Anschlussgleis vom Bahnhof Rothe Erde aus. Bereits im Herbst 2012 hat der Ausschuss für Stadtentwicklung, Straßen, Umwelt und Verkehr der Städteregion Aachen den Bau des **Premium-Radweges** auf der Eisenbahntrasse von Aachen Nord bis Jülich beschlossen. Die Gesamtkosten beliefen sich auf etwa 5 Millionen Euro.

Jülich
DB
44
Dürener Straße
Rurbrücke
Landstraße
Westring
56
Rur
Übach-Palenberg
221
Baesweiler
Aldenhoven
Merkstein
Buschstraße
Alsdorf
Hoengen
Herzogenrath
Feldgenstraße
57
Mariadorf
Niederlande
Deutschland
Krefelder Straße
44
4
264
Würselen
Wilhelmstraße
264
4
Haaren
Laurensberg
57
544
Aachen
1
Boxgraben
DB
P
Burtscheid

Entspannung ★★★★☆
Genuss ★★★☆☆
Romantik ★★★★★

WIE & WANN:
Weitgehend autofrei, überwiegend asphaltiert, nur wenige Steigungen; ganzjährig möglich, Frühling bis Herbst empfohlen

HIN & WEG:
Auto: APAG Parkhaus, Lagerhausstraße 20 (GPS: 50.768127, 6.088590)
ÖPNV: RE 1, 4, 9, 29 oder RB 33 bis Aachen Hbf.; Rückkehr zum Ausgangspunkt: ab Jülich RB 21 bis Düren, von dort RE 1 oder RE 9 bis Aachen Hbf.

ESSEN & ENTSPANNEN:
Eiscafé Pinguin Fileti ❼ Bahnhofstraße 65, 52477 Alsdorf, Tel. (0 24 04) 9 03 39 73
Café am Markt ❽ Marktstraße 4–6, 52428 Jülich, Tel. (0 24 61) 5 86 51

ENTDECKEN & ERLEBEN:
Marschiertor ❶ Franzstraße 995, 52064 Aachen
Elisenbrunnen ❷ Friedrich-Wilhelm-Platz, 52062 Aachen
Aachener Dom ❸ Domhof 1, 52062 Aachen, Tel. (02 41) 47 70 90
Stadion des CHIO ❹ Albert-Servais-Allee 50, 52070 Aachen
Burgruine Wilhelmstein ❺ An Wilhelmstein, 52146 Würselen
Bergbaumuseum Grube Anna II ❻ Herzogenrather Straße 100, 52477 Alsdorf, Tel. (0 24 04) 55 87 80, www.bergbaumuseum-grube-anna2.de
Museum Zitadelle Jülich ❾ Tel. (0 24 61) 93 76 80, www.juelich.de/museum

- 33 Kilometer
- 84 Höhenmeter
- 3 Stunden
- Strecke

Naturpark Schwalm-Nette

Seide & Moor

Von Krefeld nach Kaldenkirchen

Krefelder Hauptbahnhof

Vom historischen Hauptbahnhof Krefeld, einem kolossalen Sandsteingebäude aus dem Jahr 1909 (wer am **Willy-Brandt-Platz** parkt, muss erst durch die Bahnsteigunterführung, um die Bahnanlagen zu queren), fahren wir schräg links in die **Hansastraße** und sofort wieder rechts in die Petersstraße, auf der wir nach etwa 500 Metern zum **Dr.-Hirschfelder-Platz** gelangen, einem zentral liegenden Platz in **Krefeld** ❶.

Wir folgen nach links der Radwegweisung Richtung **Willich.** Zusätzlich gibt es hier bis St. Tönis in den Pfeilwegweisern das Logo der **Deutschen Fußballroute.** Nach rund 200 Metern folgen wir der Radwegweisung Richtung **Tönisvorst–St. Tönis.** Vom Straßenring mit der B 9 bis Sankt Tönis Mitte fahren wir etwa 200 Meter rechts von der alten Bahnlinie Krefeld Süd–Viersen. In **St. Tönis** stoßen wir in der **Willicher Straße** endlich auf die alte Bahnstrecke.

Vom BahnRadweg aus ist der eindrucksvolle **Wasserturm** ❷ von Tönisvorst schön zu sehen. Der denkmalgeschützte Bau von 1928 beherbergt das **Café eigenwillig** ❸. Wer dort einkehren möchte, fährt an der Kreuzung mit der **Vorster Straße** rund 50 Meter links

*Die Region um **Krefeld** wurde 51 vor Christus von den Römern erobert. Im heutigen Stadtteil Gellep entstand das Kastell Gelduba. Im 18. Jahrhundert wurde die Textilindustrie in Krefeld mit Samt, Seide und Seidenbrokat zum führenden Wirtschaftszweig.*

Die Schlacht 1642 mit 18.000 Soldaten auf der ***Tönis-Heide*** *während des Dreißigjährigen Krieges zwischen kaiserlich-kurkölnischen Truppen und französischen, hessischen und weimarischen Truppen endete vernichtend für die kaiserlich-kölnischen Truppen.*

und dann wieder links in die Straße **Am Wasserturm** – vor deren Namensgeber steht man dann nach rund 250 Metern.

Wir kehren zurück zum BahnRadweg und orientieren uns an der Radwegweisung Richtung **Viersen.** Dort folgen wir weiter dem BahnRadweg nach Süchteln und beschreiben dort in Kilometer 16 eine Spitzkehre. Nun bewegen wir uns auf der ehemaligen Bahntrasse Viersen–Grefrath in Richtung **Kempen.** Bis Grefrath ist der BahnRadweg sehenswert mit rot-weißen, etwa 3 Meter hohen Steelen ausgestaltet. Bei

Verträumte Winkel von Kaldenkirchen

Für die Seele

Von weicher Seide und Seidenbrokat über Schlachtfelder zu tiefen Mooren und Seen.

Kilometer 21 queren wir die B 509, um nach weiteren 200 Metern nach rechts eine Straßenunterführung zu durchradeln. Rund 350 Meter weiter stoßen wir auf die **Viersener Straße** und auch auf die alte Bahntrasse Kempen–Venlo, der wir nach links Richtung **Kaldenkirchen** folgen. Bald darauf erreichen wir den **Schlibecker Berg,** mit 67 Metern den höchsten Punkt der Route. In Lobberich können wir noch gut erhaltene alte schwarz-gelbe Bahnüberwachungssignale an der Bahnstrecke sehen.

Der Große und der Kleine De-Witt-See, die wir auf unserer Tour passieren, gehören zum ***Naturpark Schwalm-Nette.*** *Die Nette, 28 Kilometer lang, speist diese beiden und noch elf weitere Seen im Naturpark. Entstanden sind sie durch intensiven Torfabbau.*

Kurze Zeit später blitzt Wasser zwischen den Zweigen und Blättern auf, links kommt der **Kleine De-Witt-See** und rechts der **Große De-Witt-See** in Sicht, die idyllisch im **Naturpark Schwalm-Nette** ④ eingebettet liegen.

Wir folgen weiter der Radwegweisung Richtung **Kaldenkirchen** und landen direkt am Bahnhof. Wer einen Abstecher in die Stadt machen möchte, fährt wie folgt: Unter der Bahnunterführung folgen wir der **Bahnhofstraße** rund 800 Meter geradeaus direkt bis zum **Kirchplatz,** wo wir links und rechts gute Einkehrmöglichkeiten finden, wie das **Eiscafé ZALIVANI** ⑤.

Großer De-Witt-See

Krefeld Süd–Viersen und Süchteln–Grefrath

Dieser BahnRadweg nutzt die Trassen zweier ehemaliger Bahnstrecken der einstigen Crefelder Eisenbahn-Gesellschaft, nämlich die Normalspurstrecken Krefeld Süd–Viersen und Süchteln–Grefrath, beide eröffnet im November 1870. Ab Grefrath nehmen wir den Weg der Züge, die die alte, im Dezember 1867 eröffnete Bahnstrecke Kempen–Venlo der Rheinischen Eisenbahn-Gesellschaft befuhren. Die Crefelder Eisenbahn-Gesellschaft wurde, nachdem ihre Vorgängergesellschaft in Konkurs gegangen war, von dem Bankhaus Erlanger & Söhne in Frankfurt 1880 durch eine Versteigerung erworben. Die Höchstgeschwindigkeit auf den eingleisigen Nebenbahnen betrug größtenteils nur 30 Stundenkilometer, weswegen die Menschen sie liebevoll Schluff nannten. Ab den 1950er-Jahren wurde abschnittsweise bereits der Personenverkehr durch Busse ersetzt. Der Güterverkehr wurde 1961 weitestgehend eingestellt, und es entstanden attraktive Radwege. Allein im Kreisgebiet Viersen sind es mittlerweile rund 125 Kilometer beschilderte Radrouten.

Krefeld
DB
P
9
Sankt-Töniser-Straße
Sankt Tönis
Kempener Straße
Vorst
Kempen
509
Süchteln
Grefrather Straße
Grefrath
Hinsbeck
Nettetal
Lobberich
Boisheim
61
44
221
Großer
De-Witt-See
Kaldenkirchen
Niederlande
Deutschland

Alles auf einen Blick

Entspannung ★★★★☆
Genuss ★★★☆☆
Romantik ★★★★☆

WIE & WANN:
Überwiegend asphaltierte Wege mit kleinen Steigungen; ganzjährig zu empfehlen

HIN & WEG:
Auto: Parkplatz Willy-Brandt-Platz hinter dem Hauptbahnhof (GPS: 51.324640, 6.570898)
ÖPNV: RE 7, 10, 11 oder RB 33 bis Krefeld Hbf.; Rückkehr zum Ausgangspunkt: ab Kaldenkirchen RE 13 bis Viersen, von dort RE 11 oder RB 33 bis Krefeld Hbf.

ESSEN & ENTSPANNEN:
Café eigenwillig ❸ Am Wasserturm 54, 47918 Tönisvorst, Tel. (0 21 51) 9 31 66 77
Eiscafé ZALIVANI ❺ Kehrstraße 48, 41334 Nettetal, Tel. (0 21 57) 51 89

ENTDECKEN & ERLEBEN:
Krefeld ❶
Wasserturm Sankt Tönis ❷
Naturpark Schwalm-Nette ❹ Willy-Brandt-Ring 15, 41747 Viersen, Tel. (0 21 62) 8 17 09-408, www.npsn.de

- 25 Kilometer
- 76 Höhenmeter
- 2,5 Stunden
- Strecke

Nikolaiviertel Unna

Salz & Könige

Von Unna-Königsborn nach Welver

Unna Lichtkunst

Wir verlassen den Bahnhof nach rechts und finden nach etwa 100 Metern den Pfeilwegweiser Richtung Königsborn. Bevor wir weiterradeln, sollten wir uns einen Abstecher zum **Zentrum für internationale Lichtkunst** (1) gönnen.

Wir kehren zum Ausgangspunkt zurück und folgen durch die Unterführung des Bahnhofs dem Knotenpunkt 31 über die Friedrich-Ebert-Straße bis zum Kreisverkehr. Den Zwischenwegweisern folgend, geht es hinter dem rechts liegenden Kreishaus über die Untere Husemannstraße durch den **Kurpark** (2). Dieser weist einen sehr schönen alten Baumbestand auf. Bei solitären Bäumen geht das Blattwerk fast bis auf den Boden. Die Zweige scheinen sich bei der Überlast der Blätter vor dem Besucher zu verneigen.

Wir stehen jetzt am Knotenpunkt 31 und folgen nun dem Knotenpunkt 30 Richtung **Bahnhof Unna-Königsborn** weiter durch das Kaffeewäldchen. Vom Bahnhof fahren wir weiter Richtung **Knotenpunkt 29** bis zum Ende der Straße. Dort an der Hammer Straße links etwa 100 Meter kreuzen wir die Straße **Richtung Lünern/Knotenpunkt 29.** Nun befinden wir uns auf der alten Bahntrasse Unna-Königsborn–Welver.

Nach etwa 1,5 Kilometer müssen wir zur Kreuzung der Bahnstrecke Unna–Hamm die Bahntrasse verlassen, einen Bahnübergang benutzen, um danach

Seit 2002 befindet sich in Unna das weltweit einzige Lichtkunstmuseum. Tief in den Gär-und Lagerhallen der hiesigen Brauerei sind viele ***Lichtinstallationen*** *namhafter Künstler entstanden, die inspirieren, verführen oder hinters Licht führen.*

1734 unterstützte der Preußische König Wilhelm den Bau eines Solebrunnens, daher der Name Königsborn. Zur Förderung diente eine ***Pumpenwindmühle,*** *die noch zu sehen ist. Der Kurbetrieb wurde 1818 eröffnet und 1941 nach Versiegen der Sole eingestellt.*

Der ***Haarstrang*** *ist der Anfang oder das Ende des Sauerlandes. Er zieht sich fast 80 Kilometer lang von Paderborn bis nach Schwerte hin. Die Haard (bewaldeter Höhenzug) begrenzte auch den Hellweg, den alten Handelsweg von Flandern bis Osteuropa.*

sofort nach links wieder auf unsere Bahntrasse einzuschwenken.

Die nächsten Kilometer lassen uns träumen, wie einst ein Lokführer die Strecke zu passieren, wenn wir rechts und links das alte Schotterbett erkennen oder manch einen alten Hektometerstein zu sehen bekommen. Über uns das reichliche Blätterdach, das uns vor allzu viel Sonne, Regen und vor dem Wind schützt. In **Bramey-Lenningsen** ③ verlassen wir an den beiden Lokomotivachsen als Skulptur die Trasse, um vor dem Bahnhof, der wie im Dornröschenschlaf daliegt, eine interessante Zeittafel zu studieren, denn 1965 übernachtete hier in einem Sonderzug Königin Elisabeth II. von England.

Weiter geht es Richtung **Knotenpunkt 29.** Auf der Bahntrasse wieder angekommen, bemerken wir die außergewöhnliche Breite der Trasse, es muss sich also mindestens um einen fünfgleisigen Bahnhof gehandelt haben.

Im weiteren Verlauf gibt es viele schön eingerichtete Rastplätze. Manche sind ausgebaut wie ein Bal-

Blick zum Haarstrang

Für die Seele

Ruhige einladende Landschaften, viele kleine Dörfchen am Wegesrand mit Pferdekoppeln, Wiesen und Blicke bis an den Rand des Sauerlandes strahlen Ruhe aus.

Pumpenwindmühle in Königsborn

kon und geben nach rechts immer wieder weite Blicke bis zum **Haarstrang** frei.

Ein kurzer Abstecher, der sich lohnt, ist ein Besuch des idyllischen Dorfes Flierich, mit seinem Kirchanger um die evangelische Kirche (erstmals 850 erwähnt), und ein Besuch im Biergarten der 100-jährigen **Traditionsgaststätte Böinghoff 4**.

Wir lassen die Räder wieder schnurren, folgen der **Richtung Welver** und unterqueren alsbald die B 63, um kurz danach die Bahntrasse zu verlassen, um auf dem **Pentlinger Weg** weiterzurollen. Sofort rechts kann man an die 20 Pflaumenbäume in Richtung Hilbeck erblicken, die schon manch einem Radler zur Stärkung verholfen haben.

!

*Zwischen Kirchwelver und Meyerich entstand im 19. Jahrhundert die Bahnlinie **Hamm–Kassel.** Mit ihr entwickelte sich ein neues Zentrum, dem mit der Gründung Welvers am 1. April 1957 Rechnung getragen wurde.*

Auszeittour 5

Kirchwelver

Wir fahren rechts am „Bergdorf" Wambeln vorbei und erkennen links in der Ferne das Kraftwerk Hamm-Uentrop. An der **Straße Birkenbusch** in Welver endet unser Bahntrassenweg, daher fahren wir rechts und queren nach 400 Metern eine Kreuzung, um gut 100 Meter weiter nach links in einen Wirtschaftsweg abzubiegen. Diesem schön begrünten Weg folgen wir etwa 400 Meter und biegen nach rechts ab. Über den **Salzbach** ❺ hinweg erreichen wir nach 300 Metern die **Werler Straße** mit begleitendem Radweg, dem wir nach links folgen. Der Salzbach entspringt bei Werl und mündet in der Ahse. Um 1850 gab es noch rund 100 Soleaufstiege (Quellen) am Haarstrang, die heute weitgehend versiegt sind. Die Bäderorte Waldliesborn, Sassenberg, Westernkotten und auch der Ort Salzkotten sind Zeugen dieser Zeit.

Weiter der Straße folgend, sehen wir bald rechts den **Bahnhof Welver,** um ggf. mit der Bahn zum Ausgangspunkt nach Unna zurückzufahren.

Wer noch ein wenig Zeit hat, sollte sich das **Dorf Kirchwelver** ❻ nicht entgehen lassen. Hierzu lassen wir die Räder einfach noch 1,5 Kilometer geradeaus weiterrollen, bis zur entsprechenden Ausschilderung. Nach 570 Jahren wurde 1809 das Zisterzienserinnen-Kloster aufgelöst. Nach der Reformation gab es jahrzehntelang in der katholischen Kirche simultan auch evangelische Gottesdienste, bis 1700 die neue barocke Kirche St. Bernhard errichtet wurde, die jetzt nur noch von der evangelischen Gemeinde genutzt wird.

Dortmund Süd über Unna-Königsborn nach Welver

Im Mai 1876 wurde die Verlängerung der Rheinischen Bahn von Dortmund Süd über Unna-Königsborn nach Welver eröffnet. Im September 1968 wurde der Bahnbetrieb Unna-Königsborn–Welver eingestellt. Auf dem verbliebenen Teilstück fährt die S 4 zwischen Lütgendortmund und Unna.
1975 wurde der Radweg von Unna-Königsborn nach Flierich eröffnet. Im Frühjahr 2013 kam ein neuer 2,5 Kilometer langer Abschnitt von Flierich bis zur Pentlinger Straße unter der B 63 hindurch dazu. Der Abschnitt von Wambeln bis zur Ortsgrenze Welver wurde im Frühjahr 2014 realisiert.

6
Pferdekamp
DB
Welver
Landwehrkamp
Salzbach
5
Werler Straße
Birkenbusch
Wambeler Straße
Pentlinger Straße
63
Werler Straße
Seseke
4
Sinner-straße
Fierich
Lünerner Bach
3
Fröndenberger Straße
2
44
1
Nordlünerner Straße
Mühlenbach
Kortebach
Uelzen
Hammer Straße
DB
P
Ostring
2
1
Unna

Entspannung ★★★★★
Genuss ★★★★☆
Romantik ★★★☆☆

WIE & WANN:
Überwiegend asphaltierte Wege ohne Steigungen; ganzjährig empfohlen

HIN & WEG:
Auto: Parkplatz am Bahnhof Unna, Märkische Straße 2–19,
59423 Unna (GPS: 551.5382387, 7.695312,89)
ÖPNV: S 4, RE 7, 13, RB 54, 59, und von Welver zurück über Soest mit RB 89, 59 nach Unna

ESSEN & ENTSPANNEN:
Café Böinghoff ❹ Kamener Straße 49, 59199 Bönen-Flierich, Tel. (0 23 83) 25 82

ENTDECKEN & ERLEBEN:
Zentrum für internationale Lichtkunst ❶ Lindenplatz 1, 59423 Unna, Tel. (0 23 03) 10 37 51
Kurpark mit Pumpenwindmühle ❷
Bahnhof Bramey-Lenningsen ❸ Birkenweg 16, 59199 Bönen-Lenningsen
Salzbach ❺
Kirchwelver ❻ Klosterhof 7, 59514 Welver

- 40 Kilometer
- 450 Höhenmeter
- 3,5 Stunden
- Strecke

Essen Zollverein

Potenziale im Pott

Von Mülheim (Ruhr) nach Bochum

Wir verlassen den Bahnhof Mülheim an der Ruhr nach links und folgen der Hauskampstraße bis zur **Fußgängerbrücke.** Hier haben wir einen schönen Blick nach Westen über den Bahnhof und die vielen Waggons, beladen mit Röhren, die für den Pipelinebau in die ganze Welt verschickt werden. Wir folgen dem **Pfeilwegweiser Blaue Brücke** und sehen am unteren Ende der Rampe links schon die alte „Untere Ruhrtalbahn". Wir überqueren die Ruhr und die Ruhrtalauen über die **Blaue Brücke** ❶ und erreichen nach Unterquerung des Viaduktes der Rheinischen Bahn den heimeligen Wassergarten mit vielen Wasserspielen, Teichen und einem Rosengarten. Anlässlich der **MüGa (Mülheimer Gartenbauausstellung)** ❷ wurde 1992 auf einem alten Bahngelände der wunderschöne Landschaftspark angelegt. Darin einbezogen sind auch das Schloss Broich und ein alter Ringlokschuppen.

Blaue Brücke über der Ruhr

Wir folgen weiter den Zwischenwegweisern, bis wir auf den **Knotenpunkt 3** stoßen. Hier radeln wir rechts am Parkplatz vorbei Richtung Hauptbahnhof zum **Knotenpunkt 2.** Es geht ca. 100 Meter an der B 223 entlang bis zur **Cäcilienstraße.** Dort nehmen wir die Ampel zur Querung und fahren dann die Rampe hoch zum **Bahnradweg** „Rheinische Bahn". Weiter geht es links Richtung Hauptbahnhof auf dem **Radschnellweg RS1** ❸.

> !
>
> *Der **Radschnellweg** soll im Endausbau 101 Kilometer lang von Duisburg nach Hamm gehen und täglich rund 55.000 Radfahrenden die Möglichkeit bieten, sich schnell, sicher und komfortabel durch das Revier zu bewegen.*

Nun radeln wir ruhig und abseits der Autostraßen mit interessanten Blicken auf den Hauptbahnhof oder in die Stadt Mülheim hinein nach Essen. Zuvor queren wir noch auf einem **Viadukt** 4 und einer imposanten Stahlbrücke mit großen, runden Stahlträgern, die an Eisenbahnräder erinnern, die hier breite Ruhr.

In Mülheim-Heißen unterqueren wir die viergleisige Hauptbahn Duisburg–Dortmund in einem kurzen Tunnel. In Essen-Altendorf sehen wir an einer Abzweigung ein altes mechanisches Hauptsignal und immer wieder Ruhebänke mit der Aufschrift Rheinische Bahn. Weiter **Richtung Essen-Zentrum** kommen wir zum Niederfelder See mit der **Radmosphäre** 5. Um den See anzulegen, wurden rund 300 Meter des Bahndammes der Rheinischen Bahn abgetragen. An den jeweiligen Enden des Dammes gibt es schöne Aussichtspunkte auf den See. Im Universitätsviertel Essen, das auf dem Gelände des alten Bahnhofs Essen Nord entstanden ist, endet vorläufig der Bahnradweg. Vom Knotenpunkt 57 fahren wir Richtung Altenessen zum **Knotenpunkt 59.** Ab der Herzogstraße rollen wir nach

*Der **Deutsche Zollverein** vom 1. März 1834 diente der Vermeidung von Zoll- und Handelshindernissen, er war Vorläufer des Deutschen Reiches. Die Zeche, die diesen Namen trägt, ist UNESCO-Welterbe und immer einen Besuch wert.*

Mülheimer Gartenausstellung

Für die Seele

Dieser Radweg vom Ringlokschuppen der MüGa bis zur Jahrhunderthalle mit Indoorkirmes bietet viele Superlative, die das Herz beim Radeln höherschlagen lassen.

Erzbahnschwinge

Stoppenberg-Mitte. In der Grünanlage Hangetal folgen wir weiter dem **Ziel Schonnebeck.** Hier gibt es einen kleinen, im Revier nicht zu vermutenden Anstieg mit einem **Aussichtspunkt** auf der Höhe, von der wir den Blick bis zum Tetraeder in Bottrop und zum Gasometer in Oberhausen genießen können.

Ab dem nächsten Mast folgen wir der Richtung **Zollverein** ⑥, dessen riesiges Gelände wir dann nach etwa 600 Metern erreichen.

Wir verlassen das Gelände Richtung Osten zur **Gelsenkirchener Straße.** Dort sehen wir auf der gegenüberliegenden Seite der Straße das alte Schrankenwärterhäuschen, das heute ein Atelier beherbergt. Wir kreuzen die Straße und folgen dem **Bahnradweg Zollvereinbahn** ⑦. Nach etwa 500 Metern geht es am Knotenpunkt 60 rechts ab zur Jahrhunderthalle Bochum/16

!

*Die **Erzbahntrasse** (teilweise 14 Meter hoch) versorgte seit 1929 das Stahlwerk „Bochumer Verein" vom Grimberghafen am Rhein-Herne-Kanal mit Erz. 1968, nachdem Krupp die Hütte übernommen hatte, wurde die Verhüttung und damit auch die Erzbahn eingestellt.*

Kilometer. Am Schild **Bauernhofcafé Mechtenberg** ⑧ (Einkehr empfohlen) sehen wir rechts das von schmackhaften Brombeeren überwucherte Gleisbett der Rheinischen Bahn. Es ist immer wieder ein erhabenes Gefühl, wenn wir über Brücken die Autos unter uns lassen oder diese gar im Stau stehen und wir von Grün umrahmt meditierend dahinrollen können. Nach Durchquerung des großen Von-Wedelstaedt-Park in Gelsenkirchen ist es nicht mehr weit bis zur **Holgers Erzbahnbude** ⑨. Hier gibt es Bockwurst, Kuchen, kalte Getränke und nette Gespräche mit Gleichgesinnten. Fahrradwerkzeug für den Notfall hält Holger auch bereit. Zur Jahrhunderthalle geht es rechts weiter über die **Erzbahntrasse** ⑩.

Zur Überquerung der Rheinischen-Bahn dürfen wir uns über die schön geschwungene Erzbahnschwinge über dem alten Bahnhof Bochum-Präsident freuen. Leicht erreichen wir durch sie jetzt den Westpark mit der **Jahrhunderthalle** ⑪.

Wir fahren jetzt die Rampe hoch zur Alleestraße und dort nach links Richtung Hauptbahnhof. Immer den Zwischenwegweisern folgend, geht es etwa 2 Kilometer gerade durch die Innenstadt, bis wir rechts den Hauptbahnhof erblicken.

*Die **Jahrhunderthalle** (8900 Quadrtmeter) wurde vom „Bochumer Verein" 1902 zur Düsseldorfer Industrieausstellung gebaut. Neu aufgebaut diente sie als Gebläsemaschinenhalle für die Hochöfen. Heute finden hier neben der größten Indoorkirmes Europas viele Events statt.*

Jahrhunderthalle

Meerbusch-Osterrath–Dortmund Süd

Die 76 Kilometer lange Bahn von Meerbusch-Osterrath nach Dortmund Süd wurde 1874 durch die Rheinische Eisenbahn Gesellschaft in Betrieb genommen. Doch die in der Mitte der beiden Bahnen Bergisch Märkische (südlich) und Köln Mindener (nördlich) durch das Ruhrgebiet verlaufende Strecke hatte wirtschaftlich immer Probleme. So wurde von 1959 bis 1979 der Personenverkehr abschnittsweise eingestellt. Ab 2002 dann abschnittsweise auch der Güterverkehr. Zur Jahrtausendwende kam kurz die Idee auf, auf der Trasse die Magnetschwebebahn Transrapid zu bauen.

2015 wurde der erste Abschnitt des RS1 von Mülheim nach Essen fertiggestellt. 2017 kam die Hochpromenade und 2019 die Ruhrbrücke mit dem Viadukt in Mülheim dazu. Der weitere Ausbau des RS1 ist nicht zu prognostizieren, weil zu viele widerstrebende Interessen unter einen Hut gebracht werden müssen. Auch die rechtliche Gleichstellung von Radschnellwegen und Landesstraßen 2017 hat die Problematik nicht entscheidend verbessert.

Herne
Bottrop
Oberhausen
Altstadt
Katernberg
Ückendorf
Hamme
Bochum
Stoppenberg
Bochold
Altendorf
Essen
Kray
Dümpten
Steele
Holsterhausen
Berghausen
Mülheim an der Ruhr
Ruhr
Hofstraße
Bergmannstraße
Ückendorfer Straße
Leithstraße
Krayer Straße
Leither Bach
Rothauser Straße
Pfeifferstraße
Helenenstraße
DB
P
1
2
3
4
5
6
7
8
9
10
11
42
40
52
448
226
227
224
223

Alles auf einen Blick

Entspannung ★★★★☆
Genuss ★★★★☆
Romantik ★★★☆☆

WIE & WANN:
Überwiegend asphaltierte Wege, im Bereich von Essen einige kurze Steigungen bzw. Rampen, die ggf. zum Schieben einladen; ganzjährig empfohlen

HIN & WEG:
Auto: Parkbuchten hinter der Bahnunterführung, Steinkampstraße, Mülheim a. d. Ruhr-Styrum (GPS: 51.448973, 6.850218)
ÖPNV: S 1 oder S 3 bis Mülheim-Styrum; Rückkehr zum Ausgangspunkt: ab Bochum mit der S 1

ESSEN & ENTSPANNEN:
Radmosphäre am Niederfeldsee ❺ Uferpromenade 1, 45143 Essen, Tel. (02 01) 75 98 34 53
Bauernhofcafé am Mechtenberg ❽ Am Mechtenberg 5, 45309 Essen, Tel. (02 01) 5 58 77 26
Holgers Erzbahnbude ❾ Erzbahntrasse, 45886 Gelsenkirchen, Tel. (01 77) 8 99 74 44

ENTDECKEN & ERLEBEN:
Blaue Brücke ❶
Mülheimer Gartenbauausstellung ❷ 45479 Mülheim an der Ruhr, Tel. (02 08) 9 60 96 42
Radschnellweg RS1 ❸
Viadukt über die Ruhr ❹
Zeche Zollverein ❻ Gelsenkirchener Straße 181, 45309 Essen, Tel. (02 01) 24 68 10
Zollvereinbahn ❼
Erzbahntrasse ❿
Bochum Jahrhunderthalle ⓫ An der Jahrhunderthalle 1, 44793 Bochum, Tel. (02 34) 3 69 31 00

- 51 Kilometer
- 198 Höhenmeter
- 4 Stunden
- Strecke

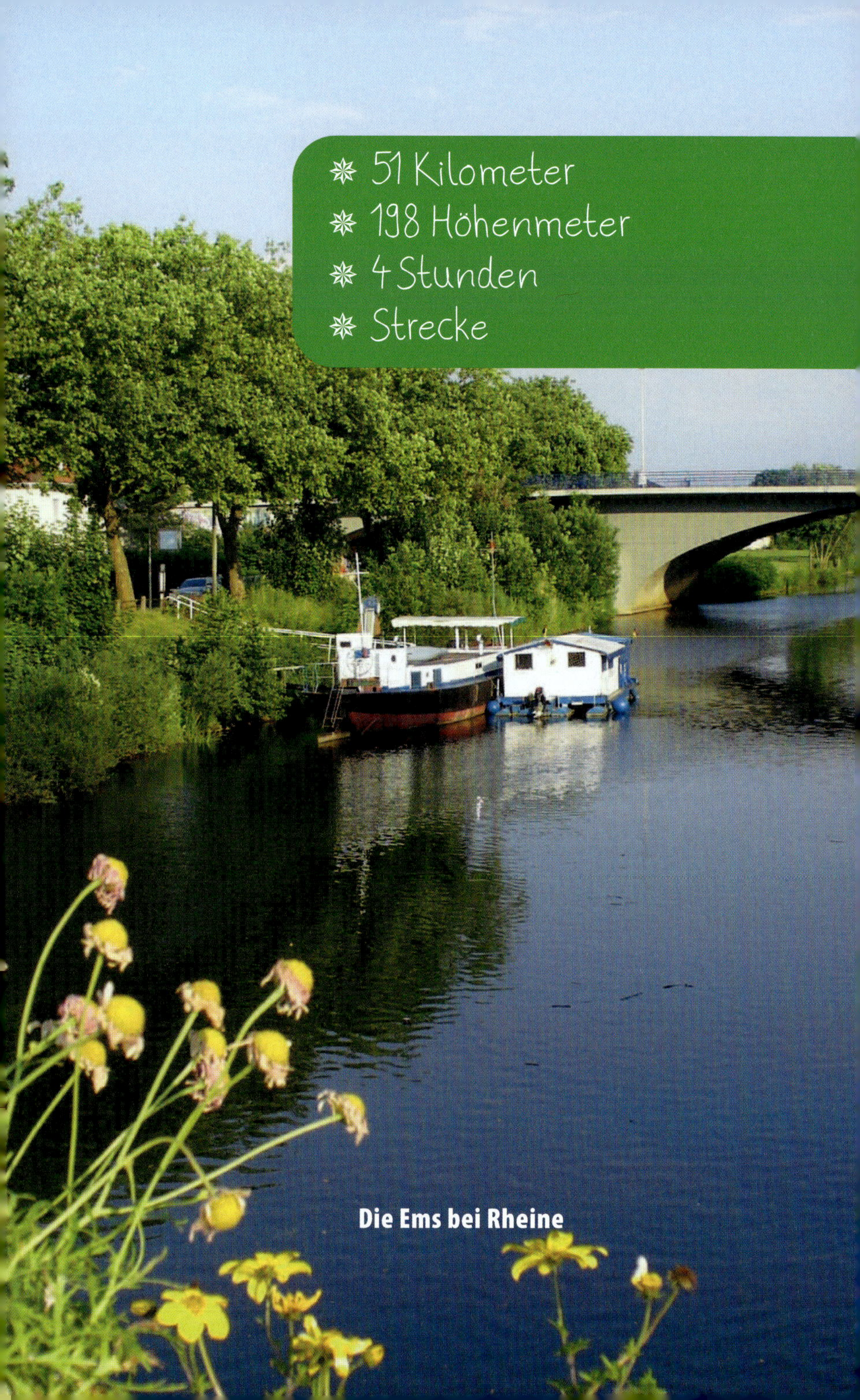

Die Ems bei Rheine

Durchs Münsterland

Von Rheine nach Coesfeld

Falkenhof

Wir starten am Bahnhofsvorplatz von Rheine nach links und folgen der Radwegebeschilderung in Richtung **Burgsteinfurt.** Zusätzlich können wir uns an dem **Logo Radbahn Münsterland** orientieren, das auf einem kleinen Zusatzschild unter dem Pfeilwegweiser eingeschoben ist. Damit umfahren wir im Uhrzeigersinn die Altstadt von Rheine. Nach ca. 400 Metern geht es rechts auf die Straße **Am Thietor** in Richtung Ems. Links sehen wir den historischen **Falkenhof 1.**

200 Meter weiter erreichen wir die **Ems 2,** die mit ihren 371 Kilometern von der Quelle bis zur Mündung der kürzeste Strom Deutschlands ist. Vor den Kanalisierungsarbeiten war die Ems sogar noch gute 50 Kilometer länger. Sie entspringt bei Hövelhof am Fuße des Teutoburger Waldes und fließt bei Emden in die Nordsee. Da sie direkt im Meer endet, darf sich die Ems Strom nennen.

*Der **Falkenhof** stellt die Keimzelle der Stadt Rheine dar. Das karolingische Königsgut wurde im Jahr 838 unter dem Namen Villa Reni in einer Schenkungsurkunde erstmals erwähnt. 1437 erhielt es nach dem damaligen Besitzer von Valke seinen heutigen Namen.*

Wir folgen rechts den Zwischenwegweisern emsaufwärts. Die Eisenbahnbrücke der Strecke Rheine–Osnabrück kommt in Sicht, kurz davor geht es rechts am **Bahndamm** entlang weiter. Nach 400 Metern überqueren wir mit der Zwischenwegweisung nach links einen Bahnübergang. Anschließend führt unser Weg

Am ehemaligen Bahnhof St. Arnold gibt es eine ***Draisinenstrecke,*** *auf der man im Sommer am Wochenende seine Muskeln zum Einsatz bringen kann. Hier gibt es Biotope für die Zauneidechse, steinige Bahndämme, in denen sie sich gut verstecken und überwintern kann.*

unter einer weiteren Bahnbrücke hindurch – wir queren dabei die Strecke Rheine–Münster –, dahinter radeln wir sofort nach links auf den Bahndamm. Oben sehen wir, wie groß das Bahngelände hier einst war, mit einem Rangierbahnhof und einem Containerbahnhof. Dieses alte Bahngelände durchfahren wir, bis wir nach etwa 2000 Metern endlich bei **Hauenhorst** auf die alte Bahntrasse Rheine–Coesfeld stoßen. Links und rechts ist meist das alte Schotterbett noch zu sehen, hier und da auch noch einige Kilometersteine sowie ab und zu eine alte Schrankenanlage. Schnurgerade verläuft der **BahnRadweg Münsterland** über St. Arnold mit seiner **Draisinenstrecke** 3 weiter bis nach Steinfurt.

Keine 20 Minuten später erreichen wir bereits die Kreisstadt Steinfurt, an der Steinfurter Aa gelegen, das Sitz der ältesten **Hochschule** 4 Westfalens war.

Draisinenstrecke

Für die Seele

Auf der MünsterLandBahn lässt es sich wunderbar beim Pedalieren vor sich hin meditieren und den Gedanken freien Lauf lassen.

Sehenswert sind in der Stadt die Bürgerhäuser aus verschiedenen Epochen und das **Wasserschloss** 5 mit dem berühmten Landschaftspark Bagno. In diesem grünen Vergnügungspark aus dem 18. Jahrhundert steht eine der ältesten frei stehenden Konzerthallen Deutschlands.

Jetzt biegt der BahnRadweg hinter dem Bahnhof Richtung Süden ab. Wir radeln weiter auf dem Bahn-

Schloss Burgsteinfurt

Die Baumberge bei Billerbeck

Radweg Münsterland in Richtung **Horstmar** und **Coesfeld.** In Horstmar warten nach einem Abstecher die in ihrer Ansammlung einmaligen **Burgmannshöfe 6** auf uns.

Dem BahnRadweg folgend, erreichen wir bald Darfeld mit seinem schön restaurierten Bahnhof und dem Bahnhofcafé **Darfeld 7** samt großem Biergarten. Der Heimatverein Darfeld verwöhnt dort während der Saison gern die pausierenden Radler mit selbst gemachtem Kuchen.

Wer die **Vechtequelle 8** besuchen möchte, der radelt etwa 500 Meter weiter bis kurz vor die **Billerbecker Straße** und biegt dann links in die Straße **Oberdarfeld** ein. Nach rund 50 Metern geht es an der Gabelung rechts und nach nochmals 50 Metern an einer weiteren Gabelung links, worauf nach 250 Metern der Stein an der Vechtequelle erreicht ist. Die Vechte ist 137 Kilometer lang, bevor sie bei Zwolle in die Ijssel mündet. Ihr Name soll auf einen fränkischen oder sächsischen Prinzen zurückgehen, der im 4. Jahrhundert in dem Fluss ertrank.

Zurück auf dem Radweg fahren wir weiter Richtung **Coesfeld.** Nicht weit gibt es einen abzweigenden Radweg in das nahe historische Billerbeck mit seinem doppeltürmigen Ludgerusdom.

Einige Kilometer weiter endet die zum Radweg ausgebaute ehemalige Bahntrasse in **Billerbeck-Lutum.** Hier treffen wir auf die Bahnstrecke Münster–Coesfeld, über die wir nach Rheine zurückfahren könnten.

Wir bleiben der Beschilderung mit dem **Logo Bahn-Radweg Münsterland** treu und folgen ihr nach Coesfeld. Des Weiteren stehen hier, wie auch unterwegs schon öfter zu sehen, rot-weiße Pfosten als Markierung am Wegesrand.

*Von den einst acht **Burgmannshöfen** in Horstmar gibt es noch vier. Zum Schutz ihrer Burg und der Burgsiedlungen gründeten damals die Edelherren von Horstmar acht Burglehen. Dem Schutz dienten auch zwei Gräben und Wälle, die den Ort in einem Quadrat von 400 Metern umgaben.*

Burgmannshof Münsterhof

Dort, wo wir in Coesfeld die breite **Friedrich-Ebert-Straße** kreuzen, verlassen wir die Radwegebeschilderung Richtung Zentrum (geradeaus wären es hier etwa 200 Meter zum **Eiscafé San Remo** 9). Wir folgen links dem **Burgwall** und weiter dem **Schützenwall,** bis wir wieder auf die Radwegebeschilderung in Richtung Bahnhof treffen. Rund 400 Meter nach Querung der Friedrich-Ebert-Straße fahren wir rechts in die **Loddeallee** und stehen vor dem gut erhaltenen **Walkenbrückentor** 10, dem letzten von einstmals sechs Stadttoren.

Das Turmgebäude des ***Walkenbrückentors*** *in Coesfeld beherbergt das Stadtmuseum sowie die Städtische Turmgalerie. Das 2012 nach einer Renovierung wiedereröffnete Museum behandelt in zwei Räumen die Themen Jüdisches Leben und Nationalsozialismus in Coesfeld.*

Vom Walkenbrückentor zurück folgen wir dem Schützenwall, Südwall und Jacobiwall bis zur **Wiesenstraße** und radeln nach links zum **Bahnhof Coesfeld.**

Wer noch Lust auf eine Einkehr hat, kann von hier aus noch einen Abstecher zum **Brauhaus Stephanus** 11 machen, mit eigener Brauerei, Biergarten und Hotel: Wir radeln dazu nach dem Bahnhof rechts weiter bis zur nächsten Kreuzung und biegen nach links ab zur Friedhofsallee, um sofort vor der Bahnbrücke den rechts zur Berkel führenden Radweg zu benutzen. Nach rund 150 Metern bringt uns links eine leichte Rampe zur Friedhofsallee hoch, der wir rund 300 Meter folgen. An der Stelle, wo die Straße zur **Rekener Straße** wird, kommen wir an eine Kreuzung, an der es links auf der Straße **Am Tüskenbach** weitergeht. Nach 50 Metern biegen wir rechts in die **Overbergstraße** ab und sehen schon das Brauhaus Stephanus.

Walkenbrückentor in Coesfeld

Rheine–Coesfeld

Die Bahntrasse Rheine–Coesfeld (Normalspur 1435 Millimeter) wurde als Teil der Gesamtstrecke Oberhausen–Osnabrück 1879 eröffnet. Am 30. September 1984 fuhr der letzte Personenzug, und Ende der 1980er-Jahre erfolge dann nach 110 Jahren die Stilllegung auch für den Güterverkehr. Für die Deutsche Bahn stellte sich die Frage: Was tun mit dem nutzlos gewordenen Grund, auf dem die Schienen lagen? Aber auch die Gemeinden und Städte an der Bahnstrecke dachten über eine sinnvolle neue Nutzung der alten Trasse nach. Im November 2004 gab es ein erstes Treffen der Verantwortlichen zu einem möglichen Ausbau als Radweg. Mit der Bahnflächen-Entwicklungs-Gesellschaft BEG, dem Land NRW und dem ADFC NRW als Partnern entwickelte sich die Idee schnell zu einer konkreten Planung für einen BahnRadweg.

1
2
P
DB
65
Rheine
Ems
70
Hauen-
horst
499
3
Ensdettener Straße
Lange Stiege
Steinfurt
4
5
Blocktor
70
Borghorst
54
Horstmar
6
Horstmarer Straße
Attenburg
Laer
Höpinger Straße
Darfeld
7
8
Billerbecker Straße
Billerbeck
474
Osterwicker Straße
9
10
11
Coesfeld
DB
525

Alles auf einen Blick

Entspannung ★★★★★
Genuss ★★★★☆
Romantik ★★★☆☆

WIE & WANN:
Zum größten Teil auf alter Bahntrasse, mit durchweg asphaltierten und wenigen wassergebundenen Abschnitten, keine Steigungen; ganzjährig empfohlen

HIN & WEG:
Auto: Parkplatz direkt vor dem Bahnhof Rheine (GPS: 52.276570, 7.435674)
ÖPNV: RB 61, 65, 68 oder RE 7, 15, 60 bis Rheine; Rückkehr zum Ausgangspunkt: RB 63 von Coesfeld bis Münster Hbf., von dort RB 61, 65, 68 oder RE 7, 15, 60 bis Rheine

ESSEN & ENTSPANNEN:
Bahnhofcafé Darfeld 7 Am Bahnhof 21, 48720 Rosendahl, www.heimatverein-darfeld.de
Eiscafé San Remo 9 Markt 18, 48653 Coesfeld, Tel. (0 25 41) 66 10
Brauhaus Stephanus 11 Overhagenweg 3–5, 48653 Coesfeld, Tel. (0 25 41) 10 00

ENTDECKEN & ERLEBEN:
Falkenhof Rheine 1 Tiefe Straße 22, 48431 Rheine, Tel. (0 59 71) 92 06 10, www.rheine.de
Strom Ems 2
Draisinenstrecke 3 am Bahnhof St. Arnold, Emsdettener Straße 236, 48485 Neuenkirchen Tel. (0 59 73) 9 05, www.ecn-online.de
Hohe Schule 4 An der Hohen Schule 14, 48565 Steinfurt
Wasserschloss Burgsteinfurt 5
Burgmannshöfe 6 Horstmar
Vechtequelle 8
Walkenbrückentor 10 Mühlenplatz 3, 48653 Coesfeld, Tel. (0 25 41) 94 81 21

- 53 Kilometer
- 699 Höhenmeter
- 5 Stunden
- Strecke

Schloss Broich

Wer mit dem Zug angereist ist, fährt vom Bahnhofsausgang gesehen rechts bis zur **Steinkampstraße,** wo auch die angegebenen Parkmöglichkeiten liegen. Von hier geht es (für die, die vom Bahnhof kommen: rechts) durch die Bahnunterführung und dahinter wiederum rechts in die **Poststraße.** Dort treffen wir auf

Wikinger & Dinosaurier

Von Mülheim nach Wuppertal

die Radwegweisung Richtung **Mülheim-Zentrum,** der wir nun auf den nächsten etwa 5 Kilometern folgen können.

Zunächst queren wir die Bahngleise und nach rund 2 Kilometern die schwungvolle **blaue Ruhrbrücke** ❶ über die Ruhr. Nochmals rund 2 Kilometer weiter – wir haben inzwischen die B 223 unterquert – sehen wir ein schönes Eisenbahnviadukt aus rotem Backstein. Darüber fuhren einst die Züge auf der alten Rheinischen Bahn. Nun radeln wir durch das Landesgartenschaugelände MüGa mit dem Wasserpark und seinen kunstvollen Wasserspielen links und rechts des Weges bis zum **Schloss Broich** ❷.

Wir folgen weiter der Radwegweisung nach **Essen-Kettwig** bzw. dem Signet **Ruhrtalradweg.** Bald sehen wir im weiten grünen Ruhrtal die **Mintardbrücke** der A 52 Essen–Düsseldorf. Etwa 600 Meter weiter queren wir die **August-Thyssen-Straße,** auf der wir links mit dem **Hotel Mintarder Wasserbahnhof** eine mögliche Übernachtungsgelegenheit erreichen könnten.

Nach 15 Kilometern taucht auf der anderen Flussseite die historische Silhouette von Kettwig auf.

Nachdem 883 die Wikinger Duisburg erobert hatten, ließ der fränkische Herzog Heinrich ein befestigtes Militärlager an der Ruhr errichten, um den Handelsweg Hellweg zu sichern. Im 11. Jahrhundert haben die Herren von ***Broich*** *die verlassene Burg wieder hergerichtet.*

Panoramatour 8

Ruhrradbrücke bei Mülheim-Styrum

Von der **Kettwiger Ruhrbrücke** 3 an folgen wir der Radwegweisung Richtung **Ratingen.** An der nächsten Kreuzung mit dem schönen Fachwerkhaus auf der Ecke geht es links in die **Heilighauser Straße** und 300 Meter weiter abermals links unter einer Bahnbrücke hindurch. Dahinter geht es rechts eine Rampe hoch. Wir befinden uns auf dem **Panoramaradweg Niederbergbahn,** dessen grün-weißem Signet wir auf den nächsten 35 Kilometern folgen.

Bereits nach 500 Metern geht es mit einem herrlichen Blick über das Rinderbachtal hinweg auf dem **Viadukt Ruhrstraße** 4. In Heiligenhaus gibt es etwas in Deutschland Einmaliges, nämlich einen Eisenbahnwaggon, der zur Brücke umfunktioniert wurde. Abends wird die **Waggonbrücke** 5 (Bahnhofstraße Heiligenhaus) illuminiert. Darauf folgt das futuristische

!

*Die spektakuläre Trassenführung der **Niederbergbahn** durch das hügelige Land macht das Befahren des Panoramaradwegs zu einem Erlebnis. Die Erbauer brauchten zahlreiche Brücken und zwei große Viadukte, um in dem schwierigen Gelände eine Trasse zu realisieren.*

Café **Kult-Kaffee Rösterei** ❻ mit Dachterrasse direkt neben dem Bahn-Radweg, das zur Rast einlädt.

Nach rund 29 Kilometern taucht der **Alte Bahnhof Velbert** ❼ auf. Heute befindet sich darin eine gute **Gaststätte mit Biergarten.**

Wenn wir Velbert verlassen, sehen wir rechts in der Ferne große Löcher in der Landschaft, aus denen

Für die Seele

Panoramatour mit herrlichen Fernblicken. Auf glattem Asphalt rollt es fast wie von selbst. Wunderbare Voraussetzungen um beim Pedalieren Zeit und Raum hinter sich zu lassen.

Kettwig an der Ruhr

schon seit Jahrzehnten Kalkstein für die Zementindustrie in Wülfrath abgebaut wird. Wenn wir die Schleife vor Wülfrath hinunterfahren, bemerken wir rechts interessante Gesteinsformationen und kommen alsbald zum **Wülfrather Zeittunnel** ❽.

In einer Kurve dieser Schleife steht ein Prellbock, als wolle er Radler, die das Gefälle zu schnell hinunterrollen, aufhalten. Es geht jetzt durchweg bergab, und wir vermuten richtig, dass hier Wasser oder ein Bach nicht weit ist. Bald stoßen wir auf die Düssel und, ihrem Lauf folgend, auf **Wülfrath-Düssel,** wo wir im **Café Pützer** ❾ einkehren können.

*Im **Zeittunnel,** einem 160 Meter langen Abbautunnel für Kalk, werden 400 Millionen Jahre Erdgeschichte erlebbar. Man macht Bekanntschaft mit Dinosauriern, erfährt von den ersten Menschen und fossilen Zeugen einer Vorzeit, als Wülfrath noch auf dem Grund eines Meeres lag.*

Wir folgen weiter dem Signet des **Panoramaradwegs Niederbergbahn.** Hinter Hahnenfurt erradeln wir nochmal einen Hügel mit weiter Aussicht. Hier gab es früher offene Kohlengruben in den Wäldern. Nun geht es lange bergab, bis wir den Damm der Hauptbahnstrecke Wuppertal–Köln/Düsseldorf im Tal erspähen. Wenn wir darunter herfahren, geht es nochmals hoch bis zur Kreuzung mit dem **Radweg Korkenzieherbahn.**

*Die 40 Kilometer lange **Düssel** gibt der nordrhein-westfälischen Landeshauptstadt ihren Namen. Das romantische Dorf Wülfrath-Düssel liegt nicht weit abwärts von der Quelle. Schöne Fachwerkhäuser und eine Wasserburg bilden eine Augenweide und laden zur Rast ein.*

Wir fahren dazu rechts rund 250 Meter auf der **Korkenziehertrasse,** um dann rechts über den **Wibbelrather Weg** bis zur **B 228** zu radeln. Nach dem Überqueren der B 228 sehen wir 50 Meter weiter den Haaner Hof.

Ansonsten fahren wir dort links auf der **Korkenziehertrasse** weiter, der Radwegweisung Richtung **Wuppertal** folgend. Nach rund 2 Kilometern geht es links über die **Vohwinkeler Straße** und rechts immer in Sichtweite der Bahnstrecke noch rund 2 Kilometer bis zum Tunneleingang, von dem aus wir links zum Bahnhof Wuppertal-Vohwinkel gelangen.

Viadukt über das Rinderbachtal

Untere Ruhrtalbahn und Niederbergbahn

41 Jahre nach der ersten Eisenbahnstrecke in Deutschland zwischen Nürnberg und Fürth wurde 1876 die Untere Ruhrtalbahn zwischen Mülheim-Styrum und Essen-Kettwig in Betrieb genommen. Der Betrieb wurde 1968 wieder eingestellt. Zur Landesgartenschau MüGa 1992 wurde der erste Teil des Radweges Styrumer Pfad zwischen Mülheim-Styrum und Mülheim-Broich zum Landesgartenschaugelände fertiggestellt. Im Rahmen des Projekts Emscher-Landschaftspark des Regionalverbands Ruhr ist geplant, den Radweg weiter zum Landschaftspark Duisburg-Nord zu verlängern.

1926 wurde die Niederbergbahn zwischen Essen-Kettwig und Oberdüssel dem Betrieb übergeben. Dort ging es dann weiter mit der Prinz-Wilhelm-Eisenbahn bis nach Wuppertal-Vohwinkel. Eine enge Schleife bei Wülfrath war notwendig, um den starken Höhenunterschied zu überwinden. Im Mai 1960 wurde die Strecke nach nur 34 Jahren wieder stillgelegt. 2011 wurde der Radweg zwischen Essen-Kettwig und Wülfrath als Panoramaradweg Niederbergbahn freigegeben.

DB
P
Styrum
Albertstraße
Essen
40
1
2
223
Mülheim
an der Ruhr
Ruhr
Bredeney
Saarn
52
Kölner Straße
1
224
Mintardbrücke
Kettwig
3
44
Breitscheid
4
7
227
Am Sportfeld
5
6
Velbert
Hösel
Heiligenhaus
535
8
Ratingen
Wülfrath
9
Mettmann
3
Hahnenfurth
Schöllerweg
224
7
DB
Vohwinkel
Kleine Düssel
Vohwinkeler Straße
Düssel
Gruiten

Alles auf einen Blick

WIE & WANN:
Überwiegend asphaltierte und wassergebundene Wege, einige kurze Steigungen bzw. Rampen die ggf. zum Schieben einladen; ganzjährig zu empfehlen

HIN & WEG:
Auto: Parkbuchten hinter der Bahnunterführung, Steinkampstraße, Mülheim a. d. Ruhr-Styrum (GPS: 51.448973, 6.850218)

Entspannung ★★★★☆
Genuss ★★★☆☆
Romantik ★★★★☆

ÖPNV : S 1 oder S 3 bis Mülheim-Styrum; Rückkehr zum Ausgangspunkt: ab Wuppertal-Vohwinkel S 9 bis Essen-Steele, von dort S 3 bzw. S 1 bis Mülheim-Styrum

ESSEN & ENTSPANNEN:
Kult-Kaffee Rösterei ❻ Westfalenstraße 12, 42579 Heiligenhaus, Tel. (0 20 56) 2 59 67 99
Brauhaus Alter Bahnhof ❼ Güterstraße 9, 42551 Velbert, Tel. (0 20 51) 60 93 52
Café Pützer ❾ Dorfstraße 32, 42489 Wülfrath-Düssel, Tel. (0 20 58) 8 95 29 35

ENTDECKEN & ERLEBEN:
Blaue Ruhrbrücke ❶
Schloss Broich ❷ Am Schloss Broich 28, 45479 Mülheim an der Ruhr, Tel. (02 08) 4 55 42 60
Ruhrbrücke Kettwig ❸ Ringstraße, 45219 Essen
Viadukt Rinderbachtal ❹
Waggonbrücke Heiligenhaus ❺
Zeittunnel Wülfrath ❽ Hammerstein 5, 42489 Wülfrath, Tel. (0 20 58) 89 46 44

* 48 Kilometer
* 557 Höhenmeter
* 3,5 Stunden
* Strecke

Vennbahntrasse

Wir verlassen den Bahnhof Aachen-Rothe Erde mit den Gleisen im Rücken nach rechts, unterqueren abermals nach rechts die Bahnbrücke und wenden uns gleich dahinter bei der Ampel nach links. Entlang einer Stützmauer folgen wir dem Radweg und sehen nach rund 2 Kilometern neben einer alten Fabrikhalle

Von Höhen & Tiefen

Von Aachen nach Monschau

Start der Vennbahntrasse

überwucherte Bahngleise. Wir sind am Anfang der **Vennbahntrasse** ❶.

Langsam, aber stetig geht es mit 2 Prozent Steigung gemütlich aufwärts. In einer langen Rechtskurve taucht vor uns das weite grüne Rollefbachtal mit dem Rollefbachviadukt auf. Bei Kornelimünster treffen wir auf das Itertalviadukt über den Indebach, von dem wir einen schönen Blick auf **Kornelimünster** ❷ genießen können.

*Die **Vennbahntrasse** ist ein Kuriosum, denn Grund und Boden sind belgisches Hoheitsgebiet. Im März 1920 wurde durch eine Grenzfeststellungskommission beschlossen, dass die Vennbahn der belgischen Eisenbahnverwaltung unterstellt wird.*

Kornelimünster

814 gründete Benedikt von Aniane mit Kaiser Ludwig ein Kloster am Bach Inde. 875 wurde die Hälfte des Grabtuches Christi gegen eine Kopfreliquie des Märtyrers Cornelius eingetauscht – seitdem heißt das Kloster **Kornelimünster.**

Wir radeln weiter, der **Vennbahn** Richtung Roetgen folgend. Bevor wir **Roetgen** erreichen, fahren wir erst ein Stück durch Belgien und treffen auf den verlassenen Bahnhof Raeren, der noch über Eupen an das belgische Schienennetz angeschlossen ist. Hier gibt es einen neuen schönen Holzpavillon als Raststätte für die Radler mit belgischen Spezialitäten: **Café Paavillion 3.**

Roetgen, das bald folgt, lag im Kreuzungspunkt zweier wichtiger Römerstraßen. Eisenverhüttung ist in der Umgebung bereits in der Antike belegt – eine Besiedlung jedoch nicht. Der Name des Ortes Mulartshütte weist eindeutig darauf hin.

Weiter rollen wir auf der **Vennbahn** Richtung **Monschau.** In Lammersdorf haben wir endlich mit 551 Metern den höchsten Punkt der Tagesetappe erreicht. Hier hat man einen schönen Rastplatz mit Bruchsteinen und Schautafeln eingerichtet. Die viersprachigen Steelen sind an vielen Orten an der Vennbahn aufgestellt. Auf einer ist der Hinweis enthalten, dass im Bahnhofshotel 1896 ein Zimmer mit Frühstück für zwei Mark und ein Abendessen für 80 Pfennig zu haben war.

Auf den nächsten 5 Kilometern bildet die Vennbahn genau die Grenze zwischen Belgien und Deutschland. Schließlich erreichen wir das alte Bahn-

Für die Seele

Ruhe und Weite mit aussichtsreichen Blicken in das Hohe Venn machen tiefenentspannt und geben Kraft für neue Herausforderungen.

Raeren, der erste Bahnhof in Belgien

hofsgelände Monschau. Direkt an dessen Anfang verlassen wir die Vennbahntrasse und fahren links die Straße **Beerenburg** abwärts bis zu einem Kreisverkehr. Dort nehmen wir die dritte Ausfahrt und folgen der **Laufenstraße.** Nach 1 Kilometer erreichen wir un-

*Der Tuchmacher Johann Heinrich Scheibler ließ 1752 das **Rote Haus** als Wohn- und Geschäftshaus errichten. Sehenswert sind die weitgehend original erhaltene Einrichtung des Hauses im Rokoko- und Empire-Stil, der Festsaal und die über drei Etagen freitragende hölzerne Wendeltreppe.*

seren Zielpunkt, die Bushaltestelle Parkhaus. Hier lohnt zum Abschluss der Tour noch ein Abstecher ins Ortszentrum von **Monschau.**.

Am Ende der Laufenstraße sehen wir links das **Museum Rotes Haus** ④ mit Café.

Wer von hier dem Laufenbach und seiner Straße bergan folgt, erreicht die historische **Senfmühle** ⑤. Wer 50 Meter weiter in die andere Richtung geht, steht vor der **Rur,** die im Hohen Venn entspringt und nach 165 Kilometern in Roermond in die Maas fließt. Wer eine längere Tour plant, kann unsere Vennbahn-Etappe gut mit einer Weiter- oder Rückfahrt auf dem **RurUfer-Radweg** kombinieren.

Vennbahntrasse

Die Preußische Staatsbahn eröffnete im November 1889 die zunächst eingleisige Bahnstrecke von Aachen-Rothe Erde nach Troisvierges in Luxemburg, im allgemeinen Sprachgebrauch Vennbahn genannt. Sie diente vor allem dem Transport von Kohle und Koks aus dem Aachener Revier nach Luxemburg und von Erz und Stahl in der Gegenrichtung. Im Ersten Weltkrieg spielte sie als Nachschubbahn für die Front in Frankreich eine wichtige Rolle. Davon zeugen heute noch Relikte einiger sogenannter Kriegsbahnen, die von der Vennbahntrasse in Richtung Front gebaut wurden. Von Mai 1960 bis 1983 wurde der Bahnbetrieb abschnittsweise eingestellt. Nach langjährigem Engagement der Bürgeraktion Vennbahn wurde das erste Teilstück von Aachen nach Walheim im Juni 2005 fertiggestellt. Seit September 2013 ist die Trasse grenzüberschreitend als Vennbahn von Aachen bis nach Troisvierges in Luxemburg befahrbar. Mit 125 Kilometern ist sie der längste BahnRadweg der Welt. Einzig der Tunnel Lengeler (790 Meter) vor Troisverges bleibt ganzjährig wegen Fledermäusen gesperrt und muss umfahren werden. Der Vennbahn-Radweg ist in Belgien in das RAVeL-Netz integriert. RAVeL ist die Abkürzung für Réseau autonome de voies lentes und steht für ein Wegenetz, das nur von Radfahrern und Fußgängern benutzt werden darf und grenzüberschreitend auch nach Deutschland und Luxemburg führt.

1
Rothe Erde
DB P
Eisenbahnweg
Stolberg
Burtscheid
Aachen
Im Erdbeerfeld
Trierer Straße
Rollefbach
Brand
44
Korneli-
munster
2
Hahn
Walheim
Deutschland
Belgien
Schmit-
hof
Scheidener Straße
Himmelsleiter
Raeren
3
Roetgener Straße
Stockläger
Roetgen
Hahner Straße
Deutschland
Belgien
258
Bundesstraße
Konzen
Trierer Straße
Belgien
Deutschland
N67
258
Mützenich
H
Monschau
4
5
Rur

Alles auf einen Blick

WIE & WANN:
Fast autofrei, überwiegend asphaltierte Wege, leichte, aber dauerhafte Steigung bis Lammersdorf; ganzjährig empfohlen, im Frühjahr artenreiches Wachstum auf den Magerwiesen (Schotterbett), im Winter muss mit Schnee gerechnet werden

HIN & WEG:
Auto: Parkmöglichkeit am Bahnhof Aachen-Rothe Erde (GPS: 50.770415, 6.116053)

Entspannung ★★★★★
Genuss ★★★★☆
Romantik ★★★☆☆

ÖPNV : ab Aachen Hbf. RE 29 bis Aachen-Rothe Erde; Rückkehr zum Ausgangspunkt: ab Monschau Parkhaus Bus AVV 66 bis Aachen-Rothe Erde (Mitte Apr.–Mitte Okt., So. und an Feiertagen mit Fahrradanhänger)

ESSEN & ENTSPANNEN:
Café Paavillion am Stellwerk Raeren ❸ Langenbend, B 4730 Raeren
Café Am Roten Haus ❹ Laufenstraße 11, 52156 Monschau, Tel. (0 24 72) 50 10

ENTDECKEN & ERLEBEN:
Vennbahntrasse ❶ www.vennbahn.eu
St. Kornelius Kornelimünster ❷ Benediktusplatz 11, 52076 Aachen, Tel. (0 24 08) 21 06
Museum Rotes Haus ❹ Stiftung Scheibler-Museum, Laufenstraße 10, 52156 Monschau, Tel. (0 24 72) 50 71, www.rotes-haus-monschau.lvr.de
Historische Senfmühle ❺ Laufenstraße 118, 52156 Monschau, Tel. (0 24 72) 22 45, www.senfmuehle.de

Kalterherberg Kirche

Wer mit dem Auto in Monschau angekommen ist, radelt den Weg, auf dem er soeben angereist ist, zurück bis zum **Roten Haus samt Café** ①. Wer mit dem Bus angereist ist, kann dorthin einen kurzen Abstecher auf der **Laufenstraße** stadteinwärts machen.

Unsere eigentliche Tour beginnt stadtauswärts

Über Grenzen

Von Monschau nach Waimes (Belgien)

auf der **Laufenstraße.** Nach etwa 1 Kilometer kommen wir zu einem Kreisverkehr, nehmen hier die zweite Ausfahrt und folgen der Straße **Beerenburg** bis zur **Vennbahntrasse.** Hier fahren wir links Richtung **Kalterherberg** und gelangen nach etwa 2,5 Kilometern zum **Viadukt Reichenstein** ②, kurz darauf überqueren wir das **Rurviadukt** ③. Weiter auf der Vennbahn erreichen wir als Nächstes den Grenzort **Kalterherberg.** Im südwestlichsten Stadtteil von Monschau gilt: Nomen est omen. Denn oben auf dem Hohen Venn gelegen, bekommt dieser Grenzort als Erster das

Viadukt Reichenstein

Draisinenbahn von Kaltherberg

Wartehäuschen und Hinweistafeln am Bahnhof Waimes

Der ***Bahnhof Waimes*** *hatte eine Insellage, die Strecken nach St. Vith und Malmedy gehen dort ab. Hier sind liebevoll ein Wartehäuschen und Hinweistafeln zur Bahngeschichte aufgestellt. Im Haus des Weichenstellers (Piqueurs) sind heute Wohnungen entstanden.*

schlechte Wetter und die kalten Winde ab. Haushohe Windschutzhecken schaffen Abhilfe.

In Kaltherberg beginnt auch die Trasse der **Draisinenbahn Rail Bike 4 des Hautes Fagnes.**

Nun geht es weiter nach Belgien, immer noch der **Vennbahn** folgend. Alsbald sind wir im **Naturschutzgebiet Herzogenvenn 5**, dort müssen wir rund 3 Kilometer die

Für die Seele

Hier oben im Hohen Venn ist die Stille zu Hause, nur die Natur schläft nicht und betört bei Sonnenschein mit ihren Lauten von Zirpen und Vogelgezwitscher.

Vennbahntrasse umfahren, da es hier ein besonders schützenswertes Biotop von Braunkehlchen gibt.

Im Bahnhof Suorbrodt endet die Draisinenbahn. Der restaurierte Bahnhof ist heute in Privatbesitz. Wir rollen weiter auf Weywertz zu. Im Gegensatz zu Suorbrodt ist hier von den Bahnanlagen nicht mehr viel zu sehen. Danach durchfahren wir eine lang gezogene Rechtskurve direkt zum **Bahnhof Waimes 6**. Waimes (deutsch Weismes) ist eine Gemeinde mit 7200 Einwohnern in der Provinz Lüttich, Region Champagne-Ardennen. Hier wird auch deutsch, doch überwiegend französisch gesprochen. Der Ort war im Frühmittelalter ein Königshof der Merowinger.

Rechts am Bahnhof vorbei rollen wir noch einen guten Kilometer nach **Waimes** hinunter. Dabei treffen wir in der **Rue de la gare** auf das **Hotel-Restaurant Le Cyrano,** wo wir es uns auf der Außenterrasse nach Bewältigung der Radtour gut gehen lassen können.

Jetzt steht die Rückfahrt an. Wer mehr Zeit hat, kann natürlich von hier aus die Vennbahntrasse weiterfahren. Eine lohnende Variante wäre auch, ab **Burg**

!

*Mit der **Draisinenbahn Rail Bike des Hautes Fagnes** kann man aus eigener Kraft auf Schienen von Kalterherberg bis nach Suorbrodt in Belgien fahren. Auf durstige Radler wartet ein Waffelcafé in einem ausgedienten Eisenbahnwaggon, daneben steht ein riesiger Wasserkran, an dem die Dampfloks früher ihren Durst löschten.*

Reuland die Trasse zu verlassen und weiter über Weveler und Oberhausen an der Our entlang bis zum Dreiländereck zu radeln. Von Ouren gelangt man über Harspelt und Dasberg und dann wieder an der Our entlang nach **Vianden.** Der historische Ort mit der größten und schönsten Hochburg Luxemburgs ist eine Augenweide.

BAHNTRASSE

Vennbahntrasse

Siehe S. 77

BAHNTRASSE

214
Mützenich
Burgring
H
P
1
Monschau
Belgien
Deutschland
258
2
Kalterherberg
3
4
NSG
Hohes Venn
Rurstraße
5
Deutschland
Belgien
Rue de Camp
Brückenweg
Bütgenbach
An Sankersborn
DB
6
Waimes
Rue de la Hasse

WIE & WANN:
Überwiegend asphaltierte Wege, bis auf Monschau–Kalterherberg wenige Steigungen; ganzjährig empfohlen, im Winter muss mit Schnee gerechnet werden

HIN & WEG:
Auto: Parkplatz Monschau, Austraße 10, 52156 Monschau
(GPS: 50.5547053, 6.2440983)

Entspannung ★★★★☆
Genuss ★★★☆☆
Romantik ★★★☆☆

ÖPNV : ab Busbahnhof Aachen Bus AVV 66 bis Monschau-Parkhaus
(Mitte Apr.–Mitte Okt., So. und an Feiertagen mit Fahrradanhänger)

ESSEN & ENTSPANNEN:
Café Am Roten Haus ❶ Laufenstraße 11, 52156 Monschau, Tel. (0 24 72) 50 10
Waffelcafé ❹ Am Breitenbach, BE 4750 Leykaul, Tel. (00 32) (80) 68 58 90

ENTDECKEN & ERLEBEN:
Museum Rotes Haus ❶ Stiftung Scheibler-Museum, Laufenstraße 10, 52156 Monschau, Tel. (0 24 72) 50 71, www.rotes-haus-monschau.lvr.de
Reichensteinviadukt ❷
Rurviadukt ❸
Draisinenbahn/Railbike Leykaul ❹ siehe Essen & Entspannen
Naturschutzgebiet Herzogenvenn ❺
Bahnhof Waimes ❻ Vennbahnweg, BE 4950 Waimes

Enger Stiftskirche

- 39 Kilometer
- 230 Höhenmeter
- 3 Stunden
- Strecke

Vor dem Haupteingang des Hauptbahnhofs Bielefeld achten wir auf die Radwegweisung in **Richtung Spenge.** Sie bringt uns auf die andere Seite des Bahnhofs. Dort folgen wir weiterhin der Radwegweisung nach Spenge. Von der Straße **Obere Wende** lohnt ein Blick zurück auf das im Tal liegende Bielefeld. Kurz

Kirchen & Kunst

Von Bielefeld nach Herford

vor Jöllenbeck Mitte folgen wir der Radwegweisung **Richtung Bünde.** Auf dem Friedhof Jöllenbeck, den wir bald darauf links sehen, gibt es etwas bundesweit Einmaliges, nämlich eine **Friedhofswindmühle** ①. Bauherr war der König von Preußen, denn bereits mit dem Westfälischen Frieden fiel Bielefeld an Brandenburg und damit an die spätere preußische Königsdynastie der Hohenzollern. Über dem Eingang sind heute noch die Initialen König Friedrichs des Großen, FR (Fridericus Rex), zu lesen.

*Bereits 1744 wurde auf früherem Pfarrgrund im Hellefeld eine **Kappenwindmühle** errichtet. 1933 wurde sie von der evangelischen Kirchengemeinde erworben, die sie 1938 ihrer heutigen Verwendung zuführte: Die Windmühle wurde zur Friedhofskapelle umgebaut.*

Die letzten 500 Meter vor Enger folgen wir der Radwegweisung **Richtung Hiddenhausen.** Links sehen wir kurze Zeit später das **Kleinbahnmuseum Enger,** das einige Exponate der Bielefelder Kreisbahn beherbergt. Schön zu sehen sind der kleine Lokschuppen und die zugehörigen Gleisanlagen. Wir fahren 300 Meter weiter und folgen links der Radwegweisung zur **Stiftskirche** ②.

Unmittelbar benachbart ist das **Widukind Museum Enger** ③. Wir haben kaum gesicherte historische

*Neben der Geschichte und dem Mythos rund um den Freiheitskämpfer widmet sich das **Widukind Museum Enger** unter anderem noch dem „Widukind-Knochen-krimi“: Befinden sich in der benachbarten Stiftskirche wirklich die echten Gebeine dieses mittelalterlichen Helden?*

Nachrichten über ihn, aber trotzdem – oder gerade deswegen? – gilt er bei vielen Westfalen und Niedersachsen beinahe als so etwas wie der tragische Nationalheld: der sächsische Adelige Widukind. Er leistete Karl dem Großen, der den damals hier siedelnden Germanenstamm der Sachsen unterwerfen wollte, erbitterten Widerstand. Nach Widukinds Niederlage änderte sich für die Menschen in der Region vieles.

Von der Stiftskirche und dem Museum geht es wieder zurück zum Bahn-Radweg entlang des **Bolldammbachs** und weiter Richtung Hiddenhausen auf der alten Bahntrasse. Wir können uns bis Herford auch gut an den blauen, auf der Spitze stehenden quadratischen Logos mit der Aufschrift **BahnRadRoute Weser–Lippe** orientieren. Nach rund 3 Kilometern

taucht bereits die erste Radwegweisung Richtung Herford auf. In **Herford** ändert sie sich in Herford-Zentrum, Herford Innenstadt, City-Route. Auf der linken Seite der Goebenstraße sehen wir bald den futuristisch anmutenden Baukörper des Museums **Marta** 4, wo wir im Café eine künstlerische Pause einlegen können.

Für die Seele

Eine starke Landschaft voller Geschichte, Spiritualität und Kunst.

Blick auf Bielefeld

Das Marta Herford

***Marta Herford** ist ein international ausgerichtetes Museum für zeitgenössische Kunst mit besonderem Blick auf die Bezüge zu Architektur und Design. Entworfen vom amerikanischen Star-Architekten Frank Gehry gehört es zu den ungewöhnlichsten Museumsbauwerken weltweit.*

Von hier folgen wir der **Goebenstraße** und weiter der **Fürstenaustraße** etwa 500 Meter bis zum **Bahnhof Herford.** Mit seinen in Sandstein gefassten Bogenfenstern, seinem Eckturm mit Zwiebelhaube und der Schieferbedeckung ist er ein Zweckbau mit einladendem Äußeren.

Bielefeld–Schildesche–Enger

Um 1890 entstanden bereits Ideen, die Kreise Bielefeld und Herford durch ein Netz von Schmalspurbahnen (1000 Millimeter Spurweite) zu erschließen. Man versäumte jedoch, einen Anschluss an die Staatsbahn zu schaffen, was für die Entwicklung nachteilig war. Bereits seit den 1950er-Jahren hat der Kreisrat Bielefeld die sukzessive Schließung der Strecken betrieben. Auf dem Abschnitt Bielefeld–Schildesche–Enger der Bielefelder Kreisbahn verlaufen rund 2,5 Kilometer zwischen Jöllenbeck und Pödinghausen auf der alten Bahntrasse. Die Bahnstrecke wurde am 1. April 1901 eröffnet und am 30. April 1955 geschlossen. Der Personenverkehr wurde bereits am 13. Februar 1954 eingestellt.

Hiddenhausen
Hiddenhauser Straße
Oetinghausen
Obere Talstraße
Enger
Sundern
239
Wertherstraße
Herringhausen
Jöllenbecker Straße
61
DB
Pödinghausen
Herfor
Jöllenbeck
239
Theesen
61
Südbrackstraße
2
Herforder Straße
DB
P
Bielefeld
Ostwestfalendamm
66
1
2
3
4

Alles auf einen Blick

WIE & WANN:
Asphaltierte und außerorts oft wassergebundene Wege, nur geringfügige Steigungen; ganzjährig zu empfehlen

HIN & WEG:
Auto: Parkplatz Nahariyastraße (GPS: 52.030418, 8.535646)

Entspannung ★★★☆☆
Genuss ★★☆☆☆
Romantik ★★☆☆☆

ÖPNV: RE 6, 70, 78 oder RB 61, 67, 69, 71, 74, 75 bis Bielefeld Hbf.; Rückkehr zum Ausgangspunkt: von Herford RE 6, 70, 78 oder RB 61, 71 bis Bielefeld Hbf.

ESSEN & ENTSPANNEN:
MARTa-Café im MARTa Herford ❹ Goebenstraße 2–10, 32052 Herford, Tel. (0 52 21) 9 93 12 90, www.marta-herford.de

ENTDECKEN & ERLEBEN:
Friedhofwindsmühle in Jöllenbeck ❶ 33613 Bielefeld
Stiftskirche Enger ❷ Kirchplatz 1, 32130 Enger
Widukind Museum Enger ❸ Kirchplatz 10, 32130 Enger, Tel. (0 52 24) 91 09 95, www.widukind-museum-enger.de (Mo geschl.)
MARTa Herford ❹ siehe Essen & Entspannen

- 42 Kilometer
- 709 Höhenmeter
- 3 Stunden
- Strecke

Schloss Burg

Wir verlassen den Bahnhof Wuppertal-Vohwinkel am Nebenausgang des Fußgängertunnels zum P+R-Parkplatz und gelangen so direkt auf den Radweg **Nordbahntrasse,** der hier über den Parkplatz verläuft. Nun geht es rechts 200 Meter über einen weiteren Parkplatz. Diesen verlassen wir links und folgen

Historie & Moderne

Von Wuppertal nach Remscheid

rechts der Straße **Am Stationsgarten** rund 2 Kilometer entlang der Bahn. Dann wenden wir uns links zur **Vohwinkeler Straße,** queren sie 150 Meter weiter und biegen dann rechts in die **Ludgerstraße** ein. Nach rund 700 Metern geht es geradeaus im Wald weiter auf der **Korkenziehertrasse** ①. Nach 600 Metern stoßen wir auf den hier kreuzenden **Panoramaradweg Niederbergbahn.** Wir folgen der **Korkenziehertrasse** Richtung Haan und weiter nach **Solingen.** Nachdem wir die Hauptstraße **Westring** an der Ampel gequert haben, verlassen wir nach rund 1,5 Kilometern die **Korkenziehertrasse** links, indem wir die **Wuppertaler Straße** queren und dann links die Straße In der Freiheit nach Gräfrath hinunterrollen bis zum **Gräfrather Markt.** Hier gibt es ein schönes Dorfensemble von Fachwerkhäusern mit bergischem Schiefer. Im **Kaffeehaus** ② mit seiner großen Außenterrasse lässt es sich herrlich verweilen. Danach lassen wir unser Fahrrad stehen und gehen über die große Kirchtreppe rechts an der Kirche vorbei bis zum **Deutschen Klingenmuseum** ③.

Deutsches Klingenmuseum

Solingen trägt zu Recht den Namen Klingenstadt: Schon im Mittelalter wurden hier Schwerter hergestellt, die wegen ihrer Qualität weithin berühmt waren. Später kamen Messer und Scheren hinzu. Das ***Deutsche Klingenmuseum*** *zeigt die Geschichte alles Schneidenden.*

Müngstener Brücke

Wir fahren zurück zur **Korkenziehertrasse** und dort links Richtung Solingen. Nur 500 Meter weiter verläuft der BahnRadweg direkt über den Parkplatz des **Kunstmuseums Solingen** ❹.

Wir rollen weiter und passieren den ehemaligen Bahnhof Solingen-Wald. Kurz vor der Bahnanlage des **Solinger Südbahnhofs (alter Hauptbahnhof)** ❺ durchfahren wir den Schlagbaumtunnel. Beim Südbahnhof finden wir auch das **Museum Plagiarius.** Hier wird gezeigt, wie viel Mühe, Geld und Arbeitsplätze durch Produkt-Plagiate vernichtet werden – sie sehen dem Original äußerlich oft täuschend ähnlich, besitzen aber meist nicht dessen Qualität.

Für die Seele

Für Freunde historischer Orte wie Gräfrath und Lennep und verwunschener Plätze wie dem Geisterbahnhof Solingen Hauptbahnhof oder Müngsten.

Nach der Besichtigung radeln wir etwa 800 Meter zurück bis zur Radwegweisung Richtung **Burg.** Durch die **Parkanlage Wupperstraße** geht es bergab. Wir rollen durch ein Tal und müssen gleich wieder hoch, um vom symbolischen Städtedreieck eine herrliche Aussicht auf Wuppertal, Remscheid und Solingen zu genießen. Noch einmal sehen wir die Bahnlinie Solingen–Remscheid, bevor es dann über die alte Bahntrasse abwärts geht nach **Müngsten** an die Wupper.

Wenn wir auf die **Wupper** treffen, sehen wir links noch die alte, rostige Brücke der Schmalspurbahn. Wir radeln weiter nach der Radwegweisung Richtung **Burg.** Nur 500 Meter weiter sehen wir hoch über uns die **Müngstener Brücke** ❻ von 1897, mit 107 Metern die höchste Eisenbahnbrücke Deutschlands. 300 Me-

***Müngsten** war einst die Wiege der Eisen- und Stahlindustrie in der Region. Seit dem 15. Jahrhundert haben hier die Hasenclevers, die Bohlens und Halbachs Eisenhütten unterhalten. Als es im Tal der Wupper zu eng wurde, verlegte man die Werke ab 1803 an die Ruhr.*

Schloss Burg, *bis 1890 eine Ruine, wurde von einem privaten Verein bis zum Ersten Weltkrieg aufwendig wiederhergestellt. So prunkt das einstige Zentrum des Bergischen wieder wie in seinen besten Zeiten mit Rittersaal, Ahnensaal und Burgkapelle.*

ter weiter nehmen wir links über die Wupper die **Schwebefähre.** Während der Sommersaison kann man hier bei gutem Wetter per Muskelkraft übersetzen und dabei auch sein Fahrrad mitnehmen. Ansonsten muss man auf der rechten Seite der Wupper bis Burg weiterfahren und dabei an zwei Treppen sein Fahrrad tragen. In Burg an der Wupper haben wir (und unser Rad) bei dieser Variante die Chance, mit der **Seilbahn** 7 über die Wupper und hinauf zum Schloss zu schweben. Oder wir radeln gleich weiter nach der Radwegweisung Richtung **Remscheid.** Nach 1200 Metern von der Brücke über der Wupper in Burg geht es rechts in die **Burgtalstraße** Richtung **Wermelskirchen** und von 100 Metern Meereshöhe knackig hoch zu **Schloss Burg** 8 auf 200 Metern.

Schwebefähre

Seilbahn

Oben kann man von den vielen Caféterrassen eine herrliche Aussicht über das Bergische Land und dabei eine Bergische Kaffeetafel genießen.

Die folgenden 6 Kilometer bis **Wermelskirchen** geht es nochmals 100 Meter bergauf. Wir benutzen hierbei die **Wermelskirchener Straße,** die in **Neuenflügel** übergeht, und queren hinter **Hünger** die A 1 auf einer Brücke. Weiter geht es über die Straße **Ostringhausen,** die **Burger Straße** und dann links ab auf **Im Winkel.** 100 Meter weiter biegen wir nach rechts in die **Obere Waldstraße** ein, folgen ihr bis zur Straße Eich, auf der wir links 200 Meter weiterfahren. Über die **Kölner Straße** gelangen wir zur **Telegrafenstraße.** Hier befindet sich eine wahre Drehscheibe von Radwegen, sodass Weiterfahrten in verschiedene Richtungen möglich wären, z. B. eine Kombination

*Zu einer **Bergischen Kaffeetafel** gehören Hefeblatz, Schwarz- und Graubrot, süße Aufstriche und Herzhaftes zum Belegen. Die luftigen Bergischen Waffeln mit heißen Kirschen und Sahne oder auch mit Zimt gehören immer dazu.*

mit dem Panoramaradweg Balkantrasse Wuppertal-Oberbarmen–Leverkusen.

Auch unsere Tour folgt auf den folgenden Kilometern der Wegweisung **Panoramaradweg Balkantrasse** und zunächst auch noch dem **Bergischen Panoramaradweg.** Beim alten **Bahnhof Bergisch-Born** folgen wir dem **Panoramaradweg Balkantrasse** halb links **Richtung Remscheid-Lennep.** Nach weiteren 5 Kilometern erreichen wir unser Ziel, den Bahnhof Remscheid-Lennep. Vor der Rückfahrt sollten wir uns unbedingt noch die **historische Altstadt von Remscheid-Lennep** **9** ansehen. Wem nun der Sinn nach Erholung steht, kehrt im **Rotationscafé** **10** ein.

Telegrafenstraße

Korkenziehertrasse–Nordbahntrasse–Bergischer Panoramaweg

Von 1887 bis 1890 entstand die eingleisige Bahnstrecke von Wuppertal-Vohwinkel nach Solingen-Ohligs. 1958 ging der Teil zwischen Solingen-Wald und Solingen-Gräfrath außer Betrieb, seit 1995 wird nur noch zwischen Solingen-Ohligs (seit 2006 Solingen Hauptbahnhof) und Solingen Mitte gefahren. Damit die Züge die Steigungen über die Hügel des Bergischen Landes bewältigen konnten, wurde die Nebenbahn kurvenreich angelegt. Aus der Vogelperspektive erinnert sie an einen Korkenzieher, was ihr den Namen gab. Zwischen 2003 und 2006 wurde sie zum Radweg ausgebaut.

Ende 2014 erfolgte der Abschluss der Arbeiten im Bereich des ehemaligen Rangierbahnhofs Wuppertal-Vohwinkel mit dem Anschluss an den Radweg Nordbahntrasse von Wuppertal-Vohwinkel nach Wuppertal-Wichlinghausen. Die Ronsdorf-Müngstener Eisenbahn Gesellschaft eröffnete 1891 eine Schmalspurbahn (Spurweite 1000 Millimeter) von Wuppertal-Ronsdorf über Müngsten bis Solingen-Krahenhöhe. Die Stilllegung des Abschnittes Müngsten–Solingen-Krahenhöhe erfolgte bereits 1928. 2010 wurde die Strecke fahrradtauglich und mit der Korkenziehertrasse verbunden. Touristisch werden die beiden Radwege mit der Weiterführung bis Hattingen als Bergischer Panoramaradweg bezeichnet.

Vohwinkel
DB P
Wuppertal
1
46
3
2
Haan
4
224
Cronenberg
Ronsdorf
Solingen
5
229
Remscheid
10
DB
Lennep
9
1
Brückenpark
Müngsten
6
Westhausen
Hünger
Wermelskirchen
7
8

Alles auf einen Blick

WIE & WANN:
Asphaltierte Wege, einige Steigungen, hinter Solingen meist wassergebundene Oberflächen; ganzjährig empfohlen, im Winter ist Vorsicht geboten

HIN & WEG:
Auto: P+R-Parkplatz am Bahnhof Wuppertal-Vohwinkel (GPS: 51.233010, 7.071363)

Entspannung ★★★☆☆
Genuss ★★★★☆
Romantik ★★★★☆

ÖPNV: RE 4, 13, RB 48 oder S 8, 9 bis Wuppertal-Vohwinkel; Rückkehr zum Ausgangspunkt: ab Remscheid-Lennep S 7 bis Wuppertal Hbf., von dort RE 4, 13, RB 48 oder S 8, 9 bis Wuppertal-Vohwinkel

ESSEN & ENTSPANNEN:
Kaffeehaus Solingen ❷ Gräfrather Markt 7, 42653 Solingen, Tel. (02 12) 59 33 22
Rotationscafé ❿ Kölner Straße 8, 42897 Remscheid, Tel. (0 21 91) 6 03 95

ENTDECKEN & ERLEBEN:
Korkenziehertrasse ❶
Deutsches Klingenmuseum ❸ Klosterhof 4, 42653 Solingen, Tel. (02 12) 2 58 36-0, www.klingenmuseum.de
Kunstmuseum Solingen ❹ Wuppertaler Straße 160, 42653 Solingen, Tel. (02 12) 2 58 14-0, www.kunstmuseum-solingen.de
Südbahnhof Solingen mit Museum Plagiarius ❺ Bahnhofstraße 11, 42651 Solingen, Tel. (02 12) 2 21 07 31
Müngstener Brücke ❻
Seilbahn zur Burg ❼ Hasencleverstraße 2, 42659 Solingen
Schloss Burg ❽ Schlossplatz 2, 42659 Solingen, Tel. (02 12) 2 42 26 26, www.schlossburg.de
Historische Altstadt Remscheid-Lennep ❾

- 35 Kilometer
- 404 Höhenmeter
- 3 Stunden
- Strecke

LWL-Industriemuseum Henrichshütte

Wir verlassen den Bahnhof Wuppertal-Vohwinkel am Nebenausgang des Fußgängertunnels zum P+R-Parkplatz und gelangen so direkt auf den Radweg **Nordbahntrasse,** der hier über den Parkplatz verläuft. Wir radeln nach links und folgen der Radwegweisung Richtung **Elberfeld.** Wenn der Weg nach etwa 600 Me-

Jede Menge Kohle

Von Wuppertal nach Hattingen

tern endet, geht es links über die Bahnbrücke weiter, anschließend vor der zweiten Bahnbrücke rechts den **Homanndamm** hinunter auf die **Nordbahntrasse** **1**.

Hier ist es möglich, bei Sommerhitze die Kühle des **Dorrenberg-Tunnels** **2** zu genießen oder hoch über den Dächern der Stadt über das **Bartholomäusviadukt** **3**

Bahnhof Wuppertal-Loh

Radler vor dem Tanztunnel

dahinzurollen. Wer schon eine Pause braucht, macht im **Café Nordbahntrasse** ❹ eine Rast. Am Bahnhof Wuppertal-Wichlinghausen geht es in einem großen Linksbogen nach Norden zum **Tunnel** ❺ und **Bahnhof Schee** ❻. Wir folgen der Radwegweisung Richtung Hattingen. Alsbald erreichen wir den Bahnhof, das Gebäude ist heute in privaten Händen.

Zwischen Haßlinghausen, Witten und Sprockhövel gab es ein **Kohlenrevier,** weil die schräg verlaufenden Kohleflöze hier im Süden bis an die Oberfläche heranreichten. So begann der Abbau von Kohle anfangs noch im Tagebau. Schee war dafür der Kohlenumschlagbahnhof.

!

*Auf der Wuppertaler **Nordbahntrasse** kann man das lange, enge und verkehrsreiche Tal abseits vom Verkehr mit dem Fahrrad auf gemütliche Art erkunden. Im Dorrenberg-Tunnel, der auch Tanztunnel genannt wird, finden häufig Musik- und Tanzveranstaltungen statt.*

Wieder auf dem Radweg, taucht vor uns der 195 Meter lange **Schulenbergtunnel** 7 auf. Weiter folgen wir der Radwegweisung Richtung **Hattingen.** Wer möchte, kann aber auch noch 500 Meter weiter die Bahntrasse nutzen und bis zur **Nierenhofer Straße** fahren. Hattingen hat sein historisches Stadtbild mit seinen vielen Gassen und den typisch bergischen Fachwerkhäusern mit

Für die Seele

Zukunft hat Herkunft. Ohne die Kohle kein Aufschwung im Revier und in Wuppertal. Dankbar denken wir radelnd an diese Generationen.

Bügeleisenhaus in Hattingen

Schieferbedeckung gut erhalten. Für die Ruhrgebietsstadt war im 19. und 20. Jahrhundert der Kohleabbau mit vielen Zechen von großer Bedeutung. Rechts über uns sehen wir die alte, rostige Bahnbrücke der Kohlenbahntrasse. Wir radeln rechts auf dem Radweg etwa 1 Kilometer bis zur S-Bahn-Haltestelle Hattingen (Ruhr) Mitte. Wer noch das **LWL-Industriemuseum Henrichshütte** 8 besuchen möchte, fährt hier über die Kreuzung hinweg rund 1400 Meter bis zur Einmündung der Straße **Am Büchsenschütz** und folgt der Beschilderung bis zum LWL-Industriemuseum.

Anschließend können wir uns im **Café Adele** 9 für den Heimweg noch einmal stärken.

Der Fund von Eisenerz auf dem Gebiet Welper war Grund für den Bau der ***Henrichshütte*** *mit zeitweise 10.000 Beschäftigten. Gegründet 1854, wurde „die Hütte" zu einem der größten Stahlbetriebe der Region.*

Wuppertaler Nordbahntrasse

1879 wurde die 73 Kilometer lange Strecke der Rheinischen Eisenbahn-Gesellschaft von Düsseldorf über Wuppertal bis Dortmund-Löttringhausen und Dortmund Süd eröffnet. Im Bereich Wuppertal wählte man eine aufwendige Trassierung in Hanglage – die natürliche Streckenführung durch das Tal, die heutige Hauptstrecke, war bereits von dem Konkurrenzunternehmen Bergisch-Märkische Eisenbahn realisiert worden. So umfasst die sogenannte Wuppertaler Nordbahntrasse sieben Tunnel, vier große Viadukte, zahlreiche kleinere Brücken und über 150 Stützbauwerke. In großen Teilen ist die einstige Strecke der Rheinischen Bahn heute stillgelegt und abgebaut. Im Februar 2006 wurde der Verein Wuppertalbewegung e. V. gegründet, der sich für die Umnutzung der Nordbahntrasse als Geh- und Radweg einsetzt. In Wuppertal-Wichlinghausen zweigt die Bahnstrecke über Schee und Bossel nach Hattingen (Ruhr) von der Nordbahn ab. Sie wurde im Mai 1884 eröffnet und hatte zeitweise große Bedeutung bei der Abfuhr der geförderten Kohle. Im November 1979 wurde sie für den Personenverkehr und im September 1984 für den Güterverkehr geschlossen. Der Radweg auf der „Kohlenbahn" wurde vom Regionalverband Ruhr abschnittsweise von 1991 bis 2014 ausgebaut.

Hattingen
DB
43
Ruhr
44
Sprock-
hövel
Bossel
46
Barmen
Heidt
7
Wuppertal
535
224
46
1
DB
P
Vohwinkel
Wupper

Alles auf einen Blick

WIE & WANN:
Asphaltierte Wege auf der Kohlenbahn, einige Abschnitte mit wassergebundener Oberfläche, einige kleine Steigungen; ganzjährig empfohlen

HIN & WEG:
Auto: P+R-Parkplatz am Bahnhof Wuppertal-Vohwinkel (GPS: 51.233010, 7.071363)

Entspannung ★★★★☆
Genuss ★★★☆☆
Romantik ★★★☆☆

ÖPNV: RE 4, 7, 13, RB 48 oder S 8, 9 bis Wuppertal-Vohwinkel; Rückkehr zum Ausgangspunkt: ab Hattingen (Ruhr) Mitte S 3 bis Essen-Steele, von dort S 9 bis Wuppertal-Vohwinkel

ESSEN & ENTSPANNEN:
Café Nordbahntrasse ❹ Langobardenstraße 65, 42277 Wuppertal, Tel. (02 02) 9 80 65 53
Café Adele ❾ Steinhagen 1, 45525 Hattingen, Tel. (0 23 24) 2 54 79

ENTDECKEN & ERLEBEN:
Nordbahntrasse ❶ Wuppertalbewegung e. V., Friesenstraße 32 a, 42107 Wuppertal, Tel. (02 02) 44 76 33, www.wuppertalbewegung-ev.de
Tanztunnel Dorrenberg ❷
Bartholomäusviadukt ❸
Tunnel Schee ❺
Bahnhof Schee ❻
Schulenbergtunnel ❼
LWL-Industriemuseum Henrichshütte Hattingen ❽ Werksstraße 31–33, 45527 Hattingen, Tel. (0 23 24) 92 47-140, www.lwl.org

Bad Fredeburg

- 58 Kilometer
- 800 Höhenmeter
- 5 Stunden
- Strecke

Wir verlassen den Bahnhof/Parkplatz mit den Bahnanlagen im Rücken nach rechts, der Radwegweisung Richtung **Lennestadt-Grevenbrück** folgend. Darüber hinaus kann man sich gut an dem uns bis zum Ziel begleitenden **Logo Sauerland-Radring** orientieren. Die Lenne bleibt von Finnentrop bis Schmallenberg unser

Wasser & Wälder

Von Finnentrop nach Eslohe

Begleiter. Sie entspringt im Rothaargebirge am Kahlen Asten und mündet nach etwa 129 Kilometern bei Hagen in die Ruhr. Bald sehen wir rechts ein Gebäudeteil des **Wasserkraftwerkes Bamenohl ①**. Aus Bruchsteinen wurde es 1921 im Jugendstil erbaut und macht eher den Eindruck einer römischen Villa als einer Anlage zur Energiegewinnung.

Wir folgen weiter dem Signet **Sauerland-Radring.** Langsam, aber stetig geht es bergan.

Wenn bei Fleckenberg die B 236 einen Linksknick macht, fahren wir links ab und über die **Wiesenstraße** 100 Meter bis zur **Besteckfabrik Fleckenberg ②.**

Die nächsten 3 Kilometer vor Schmallenberg ist die B 236 unser Begleiter, was nicht immer so schön ist. Der Ort **Schmallenberg** selbst ist dafür umso schöner, mit seiner geschützten Lage nördlich des Rothaargebirges.

Wer eine Rast machen möchte, radelt wie folgt: am ersten Kreisverkehr erste Ausfahrt in die Oststraße, nach rund 50 Metern rechts in die **Weststraße** und nach weiteren 50 Metern rechts in den **Paul-Falke-Platz** einbiegen, wo das **Café-Bistro Alexander ③** liegt. Nur ei-

*Die **Besteckfabrik Fleckenberg,** einst Produktionsstätte der Firma Hesse, ist heute ein technisches Museum. Hier kann man miterleben, wie ein Messer oder ein Löffel entsteht. Wenn man Glück hat, darf man ihn sogar anschließend mitnehmen.*

Sauerland-Radring mit DampfLandLeute Museum Eslohe

nen Blick weit vom Platz entfernt liegt die Verwaltung der Firma FALKE Strümpfe, die mit über 3000 Mitarbeitern weltweit, der größte Arbeitgeber in Schmallenberg ist.

Wer zum historischen **Haus Balzer-Schmalen** ④ will, gelangt von hier mit einem kurzen Abstecher dorthin: Wir radeln vom **Paul-Falke-Platz** rechts ab und rund 500

Für die Seele

Wasser und Wald waren immer schon Anziehungspunkte für die Menschen. Sie stehen auch für Leben und Gesundheit – von allem sehen, riechen und hören wir reichlich.

*Zu den interessantesten Gebäuden in Schmallenberg gehört das unter Denkmalschutz stehende **Haus Balzer-Schmalen** – dort ist heute das Stadtarchiv untergebracht. Es überstand den großen Brand von 1822, dem fast die gesamte Stadt zum Opfer fiel.*

Meter über die **Weststraße,** queren die **Oststraße** und sehen schon das Haus.

Nach dem Abstecher kehren wir zu unserer Route zurück und folgen weiter dem Signet **Sauerland-Radring** in Richtung **Fredeburg/Eslohe.** Beim Kilometer 39 haben wir den höchsten Punkt der Strecke erreicht. Von nun an geht's bergab und erst einmal zum nächsten Stopp in **Bad Fredeburg.**

Brauerei Eslohe

Entspannt radeln wir auf dem hohen ehemaligen Bahndamm über den Dächern der Dörfer, der Radwegweisung Richtung **Eslohe/Finnentrop** folgend. Wir fahren über die B 55 in Eslohe ein, nehmen am Kreisverkehr die erste Ausfahrt und gelangen über die **Homertstraße** nach etwa 500 Metern zum **DampfLandLeute Museum Eslohe** **5**. Nach dem Museumsbesuch bietet sich eine Rast in der **Domschänke** **6** mit eigener Brauerei an. Dazu radeln wir vom Heimatmuseum rechts rund 600 Meter über die **Homertstraße** bis zur Einmündung der **Kupferstraße.** Dieser folgen wir nach rechts etwa 700 Meter, bis wir rechts den **Sankt-Rochus-Weg** und auf der Ecke die Domschänke sehen.

Wer jetzt noch nicht genug vom Radfahren hat, kann über den BahnRadweg Richtung **Freienohl/Finnentrop Sauerland-Radring Nordschleife** rund 28 Kilometer weiterradeln und so aus eigener Kraft zum Ausgangspunkt zurückkehren. Wem es reicht, der kann mit dem Bus den Rückweg vom ZOB Eslohe, an der Hauptstraße gelegen, nach Finnentrop antreten.

In den Gebäuden einer einstigen Maschinen- und Gelenkkettenfabrik im Tal der Salway ist heute das ***DampfLandLeute Museum Eslohe*** *untergebracht. Mit einem umfangreichen Maschinenpark zur Darstellung alter Technik mit modernen Präsentationsmitteln ist ein Besuch lohnenswert.*

Sauerland-Radring

1887 wurde die Strecke von Altenhundem nach Schmallenberg von der Bergisch-Märkischen Eisenbahn-Gesellschaft in Betrieb genommen. 1911 konnte man dann von Schmallenberg nach Wenholthausen weiterfahren. Die Bahngesellschaft stellte für den Bau der Strecke als Bedingung, dass die Anrainergemeinden die Wirtschaftlichkeit nachwiesen, sich an der Finanzierung beteiligten und dass die Straße von Altenhundem nach Schmallenberg beim Streckenausbau mitbenutzt werden durfte. Schmallenberg erhoffte sich von der Bahn bessere Absatzchancen für die Textilindustrie und Fredeburg für seinen Schiefer. 1964 fuhr der letzte Personenzug und 1994 der letzte Güterzug. Er wurde von einem Trompeter begleitet, der das Lied „Muss i denn zum Städtele hinaus" blies. Im Mai 2007 fand die feierliche Eröffnung des BahnRadweges als ein Abschnitt des Sauerland-Radrings statt. Im Mai 2012 kam der Abschnitt Wenholthausen–Wennemen als Teil der Nordschleife des Sauerland-Radrings hinzu.

Bremke
Mindener Straße
Südstraße
Eslohe
Wenne
Frielinghausen
Pfarrer-Birker-Straße
Rönkhausen
Bad Fredeburg
Am Donscheid
Am Einheit
Finnentrop
Bamenohl
Bamenohler Straße
Elsper Straße
Attendorn
Grevenbrück
Schmallenberg
Fleckenberg
Saalhausen
Lenne
Meggen
Lennestadt
55
236

Alles auf einen Blick

WIE & WANN:
Überwiegend asphaltierte Wege, einige Steigungen bei Umfahrungen und an Stellen, an denen die Brücken fehlen; ganzjährig empfohlen, im Winter ist Vorsicht geboten

HIN & WEG:
Auto: Parkplätze am Bahnhof Finnentrop (B 236) (GPS: 51.176250, 7.966084)

Entspannung ★★★☆☆
Genuss ★★★★☆
Romantik ★★★☆☆

ÖPNV: RE 16 oder R 91 bis Finnentrop; Rückkehr zum Ausgangspunkt: ab Eslohe Busbahnhof Bus R 68 (Fahrradmitnahme begrenzt möglich) bis Grevenbrück Bf. Lennestadt, von dort RE 16 oder RB 91

ESSEN & ENTSPANNEN:
Café-Bistro Alexander ❸ Paul-Falke-Platz 2, 57392 Schmallenberg, Tel. (0 29 72) 9 70 12 22
Domschänke ❻ St.-Rochus-Weg 1, 59889 Eslohe, Tel. (0 29 73) 97 65-0 71 80

ENTDECKEN & ERLEBEN:
Wasserkraftwerk Bamenohl ❶
Besteckfabrik Fleckenberg Technisches Museum ❷ Wiesenstraße 11, 57392 Schmallenberg, Tel. (0 29 72) 96 08 08
Haus Balzer-Schmalen ❹ Unterm Werth 3, 57392 Schmallenberg
DampfLandLeute Museum Eslohe ❺ Homertstraße 27, 59889 Eslohe, Tel. (0 29 73) 24 55

- 67 Kilometer
- 1150 Höhenmeter
- 5 Stunden
- Strecke

Blick vom Unnenberg

Wir verlassen den Bahnhof Olpe bzw. den Parkplatz nach links über die Straße **Am Biggeufer** und fahren bis zur Straße **Am Bratzkopf.** Im Kreisverkehr nehmen wir die erste Ausfahrt, bleiben auf Am Bratzkopf und biegen rund 50 Meter danach rechts in die **Finkenstraße** und weitere 100 Meter rechts in die Straße **Am Finkenhagen** ein. Die nächsten rund 8 Kilometer können wir

Fernsicht mit Genuss

Von Olpe nach Remscheid-Lennep

Bahnhof Hützemert

uns an der Radwegweisung Richtung **Drolshagen** orientieren. Nach rund 1,5 Kilometern geht es in einer Linkskurve auf die ehemalige Bahntrasse. Bald erblicken wir **Drolshagen.**

Bevor wir den nächsten Ort Hützemert erreichen, queren wir die B 54 komfortabel mit einer durch Induktion gesteuerten Ampel. Wir passieren den alten

Drolshagen *mit seinen bergischen Fachwerkhäusern wurde 1214 erstmals urkundlich erwähnt. 1477 erhielt die damalige Freiheit Drolshagen die Stadtrechte und war Mitglied der Hanse.*

Bahnhof Hützemert ❶. Das alte Bahnhofsgebäude befindet sich in Privatbesitz und steht unter Denkmalschutz. Hinter dem Bahnhof geht es bergan und nach rund 500 Metern nach links in den **Wegeringhauser Tunnel.** Allerdings ist er im Winter wegen der Fledermäuse gesperrt. Sonst fahren wir hier geradeaus weiter und folgen der Radwegweisung. Wir lassen **Bergneustadt** links liegen, wenn wir rechts die **Aggertalsperre** sehen.

Im Lauf dieser Radtour erleben wir eine bemerkenswerte Folge von Seen, die allesamt künstlich angelegt sind, ein **Wassersextett** ❷ aus **Biggesee, Aggertalsperre, Genkeltalsperre, Brucher Talsperre, Lingestalsperre** und **Wuppertalsperre.** Nach und nach können wir auf jeden von ihnen einen Blick erhaschen.

Wir fahren weiter nach **Lantenbach** und müssen hier rechts hoch nach **Unnenberg** (von rund 300 auf 400 Höhenmeter bei 1000 Metern Länge). Puh – da darf man auch mal schieben. Wir folgen der Radwegweisung Richtung **Meinerzhagen/Marienheide.** Der Blick von oben in die weite Tal- und Berglandschaft entschädigt für

Aggertalsperre

die Strapazen des Aufstiegs. Kurz darauf sehen wir von der Anhöhe in der Ferne die **Genkeltalsperre.** Es folgt rechts die **Brucher Talsperre.** Keine 3 Kilometer weiter erreichen wir **Marienheide.** Dort können wir uns im **Restaurant Heier Stuben** ③ stärken – es liegt in einer Querstraße zur **Hauptstraße** (B 256), der **Leppestraße,** in die wir links einbiegen. Außerdem lohnt ein Abste-

Für die Seele

Das Wassersextett lädt uns zu einer Auszeit ein, wenn wir die sieben Seen tief eingebettet in den Tälern entdecken. Runterkommen kann kaum schöner sein!

cher zum **Lambach Pumpenmuseum** ④ in der **Linger Straße,** die am Ortsende rechts von der Hauptstraße abzweigt.

Auf den nächsten Kilometern folgen wir der Radwegweisung Richtung **Wipperfürth** bzw. dem Signet **Bergischer Panoramaradweg.** Auf einer Fahrradbrücke des Panoramaradweges radeln wir über den Verkehr auf der B 256 einfach hinweg. Bei Kilometer 40 taucht der 90 Meter lange **Krummenohler Tunnel** ⑤ vor uns auf. Nach weiteren 9 Kilometern erreichen wir die Hanse-

*Aus Lambach kamen einst die berühmten **Lambach-Pumpen.** Sie versorgten bis 1980 große Teile der ländlichen Bevölkerung mit Trinkwasser. Die Lambach-Pumpe arbeitete nur mit Wasserdruck, konnte aber eine Höhe von gut 200 Metern überbrücken.*

stadt Wipperfürth, nachdem wir die alte Bogen-Eisenbahnbrücke über die Wipper gequert haben. Hier wird die Wipper zur **Wupper.** Weiter geht es auf dem Bahn-Radweg nach **Hückeswagen 6.**

Wir radeln im großen Bogen wieder aus der Stadt heraus und sehen rechts unten die **Wuppertalsperre.** 500 Meter weiter folgt der **Höhsieper Tunnel 7** (225 Meter), der als Beweis dafür steht, dass Fledermäuse und Radler auch ohne Tunnelsperrungen miteinander auskommen können. 4 Kilometer weiter stoßen wir auf den Bahn-Radweg **Panoramaradweg Balkantrasse** von Leverkusen nach Wuppertal-Oberbarmen. Ihm folgen wir weiter über den **alten Bahnhof Bergisch-Born** bis zu unserem Ziel, dem Bahnhof Remscheid-Lennep. Hier können wir uns ein paar Straßen weiter im **Rotationscafé 8** für den Heimweg stärken.

*Die Grafen vom **Schloss Hückeswagen** siedelten 1260 nach Mähren (im heutigen Tschechien) um und veräußerten das Schloss den Grafen Berg, die nun über Jahrhunderte hier regierten.*

Hückeswagen

Aggertalbahn und Wippertalbahn

Im Oktober 1884 befuhr der erste Zug den Abschnitt Siegburg–Ründeroth der Aggertalbahn. Die Verlängerung der Strecke bis Olpe ließ aber auf sich warten: Der letzte Abschnitt von Bergneustadt dorthin wurde erst am 1. August 1903 eröffnet. Es hatte einige Bauverzögerungen und damit Mehrkosten am Tunnel Wegeringhausen gegeben. Die Strecke wurde als Nebenbahn in Normalspur ausgeführt. Sparsamkeit war dabei Trumpf: Die Gleise lagen an den meisten Stellen direkt neben der Straße und verliefen mitten durch die Ortschaften. Auch die Bahnhöfe Ründeroth und Derschlag waren kostengünstig: Ihre Empfangsgebäude standen vorher in Recklinghausen und Recklinghausen Süd. Die Stilllegung erfolgte abschnittsweise von 1979 bis 1995. Der erste Abschnitt des Radwegs auf der Trasse – zwischen Olpe und Drolshagen – ist seit November 2008 befahrbar. Danach ging es Abschnitt für Abschnitt weiter mit dem Ausbau. Eine Besonderheit ist die Querung der Bundesstraße 54 in Hützemert mittels einer durch Induktionsschleifen gesteuerten Ampel. Im April 2012 wurde der Wegeringhausener Tunnel feierlich für den Radverkehr eröffnet. 1902 ging die Strecke von Bergisch-Born nach Marienheide, die sogenannte Wippertalbahn, komplett in Betrieb. Im Juni 1985 wurde sie stillgelegt. Bereits 2001 wurde der erste Abschnitt, Ohl–Wipperfürth, als BahnRadweg eröffnet.

Lennep
DB
8
229
1
483
7
237
Hückes-
wagen
6
Wipperfürth
5
237
506
229
4
3
Marienheide
Meinerzhagen
54
45
Herscheid
256
Gummersbach
2
Bergneustadt
55
1
Drolshagen
DB
P
Olpe
4

Alles auf einen Blick

WIE & WANN:
Asphaltierte Wege mit einigen kurzen und auch nachhaltigen Steigungen; ganzjährig empfohlen, im Winter ist wegen der Höhenlagen Vorsicht angebracht

HIN & WEG:
Auto: Parkmöglichkeit in Olpe, Biggeufer (GPS: 51.027035, 7.841685)

Entspannung ★★★★★
Genuss ★★★★☆
Romantik ★★★☆☆

ÖPNV: RE 16 oder RB 91 bis Finnentrop, von dort RB 92 bis Olpe;
Rückkehr zum Ausgangspunkt: ab Remscheid-Lennep S 7 Richtung Solingen oder Wuppertal

ESSEN & ENTSPANNEN:
Restaurant Heier Stuben ❸ Leppestraße 7, 51709 Marienheide, Tel. (0 22 64) 66 44
Rotationscafé ❽ Kölner Straße 8, 42897 Remscheid, Tel. (0 21 91) 6 03 95

ENTDECKEN & ERLEBEN:
Alter Bahnhof Hützemert ❶
Wassersextett ❷
Lambach Pumpenmuseum ❹ Linger Straße 1 b, 51709 Marienheide, Tel. (0 22 64) 83 67
Krummenohler Tunnel ❺
Schloss Hückeswagen ❻ Auf'm Schloß 1, 42499 Hückeswagen
Höhensieper Tunnel ❼

- 71 Kilometer
- 903 Höhenmeter
- 6 Stunden
- Strecke

Skulptur in Winterberg

Vom Bahnhof Bad Berleburg lohnt zunächst ein Abstecher zum Schloss. Dazu nehmen wir gegenüber vom Bahnhofsgebäude die **Graf-Casimir-Straße** 50 Meter bis zur **B 480 (Poststraße)**, folgen ihr links rund 300 Meter und erreichen rechts über die **Schlossstraße** nach 400 Metern das **Schloss Berleburg** **1**.

Von Licht & Schatten

Von Bad Berleburg nach Winterberg

***Schloss Berleburg** aus dem 13. Jahrhundert wurde im 16. Jahrhundert um den zweigeschossigen Nordflügel und das Torhaus erweitert. Durch weitere Um- und Anbauten in der ersten Hälfte des 18. Jahrhunderts erhielt das Schloss seine heutige Gestalt.*

Wir fahren zurück bis zur **Poststraße,** folgen dieser ein kurzes Stück in der vorherigen Richtung, biegen aber bereits nach 50 Metern links in die **Emil-Wolff-Straße** ein. Beim nächsten Kreisverkehr nehmen wir die erste Ausfahrt, 500 Meter weiter richten wir uns nach der Radwegweisung Richtung **Laasphe** mit dem

An der Eder liegt das Mitte des 18. Jahrhunderts erbaute **Herrenhaus Schwarzenau.** *Hier gab es schon länger einen Landsitz der Grafen zu Sayn-Wittgenstein, der zuerst als Jagdschloss diente. Graf Heinrich Albrecht zu Sayn-Wittgenstein verlegte seinen Regierungssitz hierher.*

Signet **Eder-Radweg.** Nach rund 3 Kilometern queren wir nach links die Bahnlinie Bad Berleburg–Erndtebrück und die Eder mit der Radwegweisung nach **Bad Laasphe.**

Hinter dem Ort Raumland queren wir die Eder nochmals und befinden uns bald auf dem BahnRadweg. Als Nächstes erreichen wir **Schwarzenau,** das auch als „Perle des Edertals“ bezeichnet wird. Der Ort wurde im 17./18. Jahrhundert ein wichtiger Zufluchtsort für aus Frankreich vertriebene Hugenotten und war zeitweise ein Zentrum des radikalen täuferischen Pietismus.

Wenn der Radweg einen Rechtsknick macht, fahren wir rund 50 Meter links bis zur **Alexander-Mack-Straße.** Von dort geht es 100 Meter nach rechts weiter über die Ederbrücke zum **Herrenhaus Schwarzenau** ❷.

Wir kehren auf den Radweg zurück. In Hatzfeld befinden wir uns bereits auf hessischem Boden, was wir daran erkennen, dass die Radwegweisung von

Die Eder – ständiger Begleiter

roter auf grüne Schrift wechselt. Eine schöne Eisenbahnbrücke führt über die breiter werdende Eder. Vor Holzhausen wechseln wir über eine alte Eisenbahnbrücke die Ederseite und durchfahren alsbald einen eindrucksvollen Einschnitt im Berg. In Dodenau treffen wir auf den 325 Meter langen **Dodenauer Tunnel** 3, der von Oktober bis März für die Fleder-

Für die Seele

Auf lichte Täler folgen schattige Wälder, genau wie im Leben folgt auf Schatten oft wieder Licht, im steten Wechsel. Auftanken im Licht – sich selbst begegnen, das verspricht diese Radreise.

***Battenberg,** das hoch über dem Edertal auf einem Berg thront, war bereits in der keltischen Zeit besiedelt. Ein Zweig des Geschlechts der Grafen von Battenberg und Wittgenstein nannte sich ab 1214 „Grafen von Battenberg". Ein Teil der Familie zog um 1900 nach England, wo sie sich Mountbatten nannten.*

mäuse gesperrt wird. Hinter dem Dodenauer Tunnel überqueren wir die Eder. Rund 200 Meter weiter fahren wir nach rechts der Bahnhofstraße und dann dem Wesenweg, dem Eder-Radweg, folgend.

In **Battenberg** 4 sind noch Gleisanlagen in Betrieb, die vom Bahnhof Allendorf zur Verladung von Holz bedient werden.

Wer nicht hoch zum Burgturm radeln will, rollt weiter zwischen Battenberg und Battenfeld an der Eder entlang. Bald sehen wir schon links vor uns **Allendorf.** Etwa bei Kilometer 40 verlassen wir den Eder-Radweg nach links, der Radwegweisung Richtung Allendorf folgend, überqueren die Umgehungsstraße und treffen auf die Straße **Am Bahndamm.**

Romantische Brücke bei Ahrfeld

Hier wenden wir uns rechts und knapp 100 Meter weiter bei der nächsten Gelegenheit links und stehen auf der **Bahnhofstraße,** der wir nach links folgen.

Wir befinden uns jetzt auf dem **Linspher-Radweg** und achten auf die Radwegbeschilderung Richtung **Hallenberg/Winterberg**. Am Ende der **Schulstraße** sehen wir rechts den Kreisverkehr mit der **B 236,** bevor wir nach rechts auf den BahnRadweg gelangen. Hier stieß bei einer Probefahrt vor der offiziellen Eröffnung der Bahn die Dampflok am Abend bei schlechter Sicht auf dem unbeschrankten Bahnübergang mit der Postkutsche zusammen. So wurde auf tragische Weise die Vergangenheit von der Moderne überrollt.

Langsam steigt der BahnRadweg an, und die Aussicht auf das Linsphertal rechts von uns wird immer weiter. Bei Bromskirchen stoßen wir auf den **Bromskirchner Tunnel** (5) mit 315 Metern Länge in 436 Metern Höhe. Der Tunnel wird im Winter wegen der hier nistenden Fledermäuse gesperrt und muss dann umfahren werden. Nun geht es wunderbar im großen Bogen bergab. Nicht weit, und schon erblicken wir **Hallenberg,** das trutzig auf einem Bergsporn liegt. Hier bietet sich **Helgas Waffelstübchen** (6) für eine Pause an.

Allendorf *erhielt seine Bahnanbindung recht spät, erst wenige Jahre vor dem Ersten Weltkrieg. Dafür wurde es 1911 sogar ein kleiner Bahnknotenpunkt, von dem aus man nach Frankenberg, Winterberg oder Bad Berleburg fahren konnte.*

Wir richten uns nach der Radwegweisung Richtung **Winterberg** aus. Sie zeigt die von NRW festgelegte neue Signierung für BahnRadwege mit einem Schienenstück. Wir folgen ihr jetzt ein weites Stück durch herrlichen Wald an der Nuhne entlang bis **Züschen,** das seit 1974 Winterberg angehört. Der Ort liegt im Tal, während wir oberhalb davon, vom BahnRadweg, auf seine Dächer blicken.

Wir pedalieren weiter kontinuierlich bergan. Diese Steigung konnte die Eisenbahn nur bewältigen, indem sie die Strecke mit geringer Last befuhr. Vor Winterberg ist ein Tunnel wegen der Fledermäuse dauerhaft gesperrt, sodass es für uns Radler bei der Umfahrung nochmals zur Sache geht. Nach weiteren 2 Kilometern stehen wir auf dem **Marktplatz von Winterberg,** wohl dem höchstgelegenen in NRW. Das **Café Krämer** (7) belohnt uns für unsere Mühen.

Wir radeln von hier noch 500 Meter weiter, der Radwegweisung Richtung **Olsberg/Willingen** folgend, und erreichen am **Bahnhof Winterberg,** dessen Eingangstür an einen Eisenbahntunnel erinnert, unser Ziel.

***Winterberg** erhielt schon 1240 Stadtrechte durch den Kölner Erzbischof Konrad von Hochstaden, der zur gleichen Zeit auch die Nachbarstadt Hallenberg gründete. Winterberg lag im Schnittpunkt der Heidenstraße Köln–Kassel und der Heerstraße Frankfurt–Soest.*

Winterberg

Eder-Radweg

Die Obere Edertalbahn von Bad Berleburg bis Allendorf (Eder) wurde 1911 als eingleisige Normalspurbahn eröffnet. Von 1982 bis 2002 wurde dann die Bahnstrecke abschnittsweise stillgelegt. Von 2004 bis 2012 wurde der Edertalradweg auf dem nordrhein-westfälischen Abschnitt errichtet. Auf hessischer Seite wurde der Anschluss bis 2012 als Ederauenradweg fertiggestellt. Auf der Beschilderung heißt er heute einheitlich Eder-Radweg. Der Bau der Bahnverbindung von Winterberg ins Hessische war aufgrund der Geländeverhältnisse streckenweise eine beachtliche technische Herausforderung. Insbesondere auf dem Abschnitt zwischen Winterberg und Bromskirchen waren mehrere Kunstbauten erforderlich, nämlich drei Tunnel sowie ein Viadukt, bei einer Steigung von bis zu 2,5 Prozent. Am 1. Dezember 1908 konnte der durchgehende Betrieb vom Hochsauerland nach Frankenberg (Eder) aufgenommen werden. Ab 1966 wurde er abschnittsweise eingestellt. Zuletzt wurde im Jahr 1992 der Güterverkehr zwischen Winterberg und Hallenberg aufgegeben. Der Ausbau der Strecke zwischen Winterberg und Allendorf als Radweg begann 2002 und konnte bis 2012 abgeschlossen werden. In Hessen zwischen Allendorf (Eder) und Bromskirchen trägt er den Namen Linspher-Radweg.

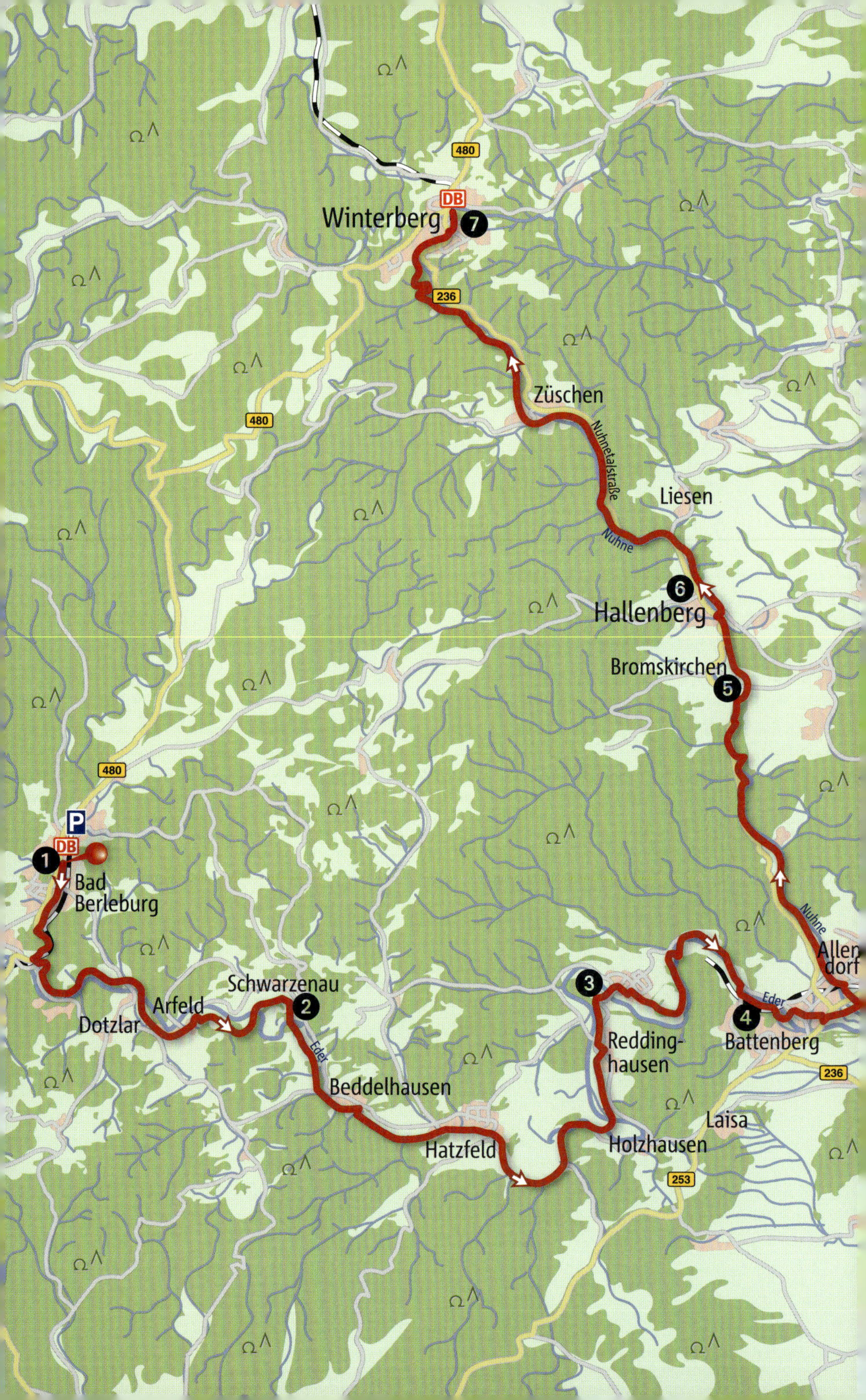

480
DB
Winterberg
7
236
Züschen
Nuhnetalstraße
Liesen
Nuhne
6
Hallenberg
Bromskirchen
5
480
480
P
DB
1
Bad
Berleburg
Nuhne
Allen
dorf
3
Schwarzenau
2
Arfeld
Dotzlar
Eder
Redding-
hausen
4
Battenberg
Eder
236
Beddelhausen
Laisa
Hatzfeld
Holzhausen
253

Alles auf einen Blick

WIE & WANN:
Überwiegend asphaltierte, sonst wassergebundene Wege, einige Steigungen; von Frühling bis Herbst empfohlen

HIN & WEG:
Auto: Parkplatz am Bahnhof Bad Berleburg (GPS: 51.052941, 8.394184)

Entspannung ✱✱✱✱✱
Genuss ✱✱✱✱✱
Romantik ✱✱✱✱✱

ÖPNV: RB 93 bis Bad Berleburg; Rückkehr zum Ausgangspunkt: ab Winterberg Bf. Bus VGWS R 28 (Fahrradmitnahme begrenzt möglich) bis Bad Berleburg ZOB

ESSEN & ENTSPANNEN:
Helgas Waffelstübchen 6 Merklinghauser Straße 6, 59969 Hallenberg, Tel. (0 29 84) 24 41
Café Krämer 7 Hagenstraße 1, 59955 Winterberg, Tel. (0 29 81) 5 23

ENTDECKEN & ERLEBEN:
Schloss Berleburg 1 Goetheplatz 8, 57319 Bad Berleburg, Tel. (0 27 51) 93 60 10, www.wittgenstein-berleburg.net
Herrenhaus Schwarzenau 2
Dodenauer Tunnel 3
Battenberg 4
Bromskirchener Tunnel 5

* 52 Kilometer
* 688 Höhenmeter
* 4,5 Stunden
* Strecke

Wermelskirchen

Wir verlassen den Bahnhof Leverkusen-Mitte geradeaus über die **Döhnhoffstraße** und folgen der Radwegweisung mit dem Logo **Rheinradweg/Veloroute Rhein** etwa 1,5 Kilometer bis zum **Rheinufer** ❶.

Wir folgen vom Rhein weg in südlicher Richtung dem Straßenverlauf der Rheinallee und richten uns etwa 300 Meter nach der Radwegweisung Richtung **Leverkusen-Mitte.** Die nächsten rund 2 Kilometer achten wir auf das Signet **Deutsche-Fußballroute.** Vor der Autobahnunterführung verlassen wir diese und folgen etwa 300 Meter weiter geradeaus der Radwegweisung Richtung **Küppersteg.** Hinter einer Bahnunterführung folgen wir links für etwa 3 Kilometer der Radwegweisung Richtung **Opladen.** Ab der **Birkenbergstraße** steht

Von Fluss zu Fluss

Von Leverkusen nach Wuppertal

auf den für uns maßgebenden Wegweisern **Opladen-Bahnhof,** dann in kurzer Folge **Langenfeld** und **Leichlingen.** Wir gelangen hinter einer Bahnunterführung zu einem Kreisverkehr. Dort nehmen wir die dritte Ausfahrt in die **Dechant-Krey-Straße** und biegen etwa 300 Meter weiter rechts in die **Franz-Esser-Straße** ein. Dieser folgen wir 150 Meter bis zu ihrem Ende und gelangen dann wiederum rechts über den **Imbacherweg** nach etwa 100 Metern zum **BahnRadweg Panoramaradweg Balkantrasse** ❷. Ihm folgen wir ab hier nach links.

Sanft, aber kontinuierlich steigt die Strecke auf den nächsten rund 20 Kilometern an – von 50 bis auf 335 Meter in Remscheid-Lennep. Unterwegs können wir in Wermelskirchen im **Eiscafé Cordella** ❸ einkehren.

!

Balkantrasse *nannte der Volksmund liebevoll seine Eisenbahn zwischen Opladen und Remscheid-Lennep. Der Verein Freunde und Förderer der Balkantrasse Leverkusen hat den Ausbau der Trasse vorangetrieben und auch erhebliche Mittel durch Spenden aufgebracht.*

Vor dem alten Bahnhof Bergisch-Born verlässt uns der **Bergische Panoramaradweg** nach rechts Richtung **Hückeswagen.** Nach weiteren 5 Kilometern erreichen wir den Bahnhof **Remscheid-Lennep** ④ und verlassen über den Bahnhofsvorplatz die Bahntrasse. Wer mag, kehrt im **Rotationscafé** ⑤ in der Altstadt ein. Lennep war Mitglied der Hanse und bis 1929, als es nach Remscheid eingemeindet wurde, preußische Kreisstadt. Es hat die Grundstruktur einer mittelalterlichen Altstadt, 116 Häuser des Stadtkerns stehen unter Denkmalschutz („Bergischer Barock").

Am Rhein

Für die Seele

Auf der Balkantrasse geht es zur Schwebebahn, schwebend geht es auch mit dem Rad auf die bergischen Höhen, um alsbald wieder wie im Rausch ins Wuppertal hinabzurollen.

Wir folgen der Radwegweisung Richtung **Wuppertal-Elberfeld** und fahren bis zu unserem Ziel in Wuppertal-Oberbarmen auf den nächsten rund 16 Kilometern gut 170 Meter bergab. Nach 3 Kilometern im Wald folgen wir auf den letzten 5 Kilometern dem Lauf der **Wupper** 6. Sie ist 116,5 Kilometer lang, entspringt bei Börlinghausen und mündet bei Leverkusen in den Rhein. Im Oberlauf trägt sie den Namen Wipper, erst bei der Stadt Wipperfürth wird sie zur Wupper. Bald erreichen wir **Oberbarmen** und sehen dort neben dem Bahnhof, unserem Zielpunkt, die weltweit einzigartige **Wuppertaler Schwebebahn** 7.

Seit 1903 ist die ***Wuppertaler Schwebebahn*** *in ihrer Art einmalig und das sicherste Verkehrsmittel der Welt. Im Tal der Wupper gab es keinen Platz für eine Straßenbahn, da kam man auf die Idee, die Bahn einfach über der Wupper an ein Stahlgerüst zu hängen.*

Kaiserliches Schweben

Burscheid-Kuckenberg–Remscheid-Lennep Leverkusen-Opladen–Burscheid-Kuckenberg

Im Mai 1876 wurde von der Bergisch-Märkischen Eisenbahn-Gesellschaft die eingleisige normalspurige Strecke zwischen Lennep und Wermelskirchen und im Oktober 1881 der Abschnitt von Wermelskirchen bis Opladen in Betrieb genommen. Am 1. Januar 1882 übernahm die Preußische Staatsbahn die Strecke. Die Stilllegung erfolgte abschnittsweise von 1977 bis 1995. Auf dem Abschnitt zwischen Remscheid-Lennep und Wuppertal-Oberbarmen findet noch Bahnverkehr statt. Im April 2012 wurde der Radweg Burscheid- Kuckenberg–Remscheid-Lennep und im Mai 2014 der Abschnitt Leverkusen-Opladen–Burscheid-Kuckenberg eröffnet.

Barmen
46
DB
7
6
535
Mettmann
Wuppertal
228
Lüttringhausen
Len-
nep
4
5
Haan
Remscheid
Solingen
229
1
3
Wermels-
kirchen
Wupper
Witzhelden
Leichlingen
Pattscheid
Hilgen
Burscheid
3
2
Opladen
51
Leverkusen
Wiesdorf
1
P
DB
8
Rhein

Alles auf einen Blick

WIE & WANN:
Überwiegend asphaltierte Wege, anhaltende mäßige Steigung bis Wermelskirchen; ganzjährig empfohlen, im Winter sind die Höhenlagen mit Vorsicht zu befahren

HIN & WEG:
Auto: Parkplatz Dhünstraße/Rheinallee am Kreisverkehr (GPS: 51.0316875, 6.9701407
ÖPNV: RE 1, RE 5 oder S 6 bis Leverkusen Mitte; Rückkehr zum Ausgangspunkt: ab Wuppertal-Oberbarmen RE 13 oder S 8 bis Düsseldorf Hbf., von dort RE 1 oder RE 5 bis Leverkusen Mitte

ESSEN & ENTSPANNEN:
Eiscafé Cordella ❸ Telegrafenstraße 46, 42929 Wermelskirchen, Tel. (0 21 96) 29 72
Rotationscafé ❺ Kölner Straße 8, 42897 Remscheid, Tel. (0 21 91) 6 03 95

Entspannung ★★★☆☆
Genuss ★★★☆☆
Romantik ★★★★☆

ENTDECKEN & ERLEBEN:
Rhein ❶
Balkantrasse ❷ www.balkantrasse.de
Remscheid-Lennep ❹
Wupper ❻
Wuppertaler Schwebebahn ❼

- 50 Kilometer
- 186 Höhenmeter
- 4 Stunden
- Strecke

LWL-Römermuseum

Wer mag, kann schon am Anfang (bzw. auch am Ende) der Tour einen Abstecher in die Stadt zur Rast im **Café Extrablatt** 1 machen. Alle anderen folgen vom Bahnhof Haltern dem Pfeilwegweiser **LWL-Römermuseum** 2 ca. 1 Kilometer.

Zurück zur **Weseler Straße** folgen wir dieser rechts ca. 200 Meter, um dann an der Abzweigung nach links in die Dorstener Straße zu radeln und dem Pfeilwegweiser 12 Kilometer nach **Wulfen** zu folgen. Nach 1 Kilometer geht es nach links und kurz darauf nach rechts ab, und wir sind zum ersten Mal auf der **Bahntrasse Hamburg-Venloer Bahn.** Diesen Namen lesen wir jetzt noch öfters, meist im Zusammenhang mit den Tafeln zur Standortbestimmung.

*Das **LWL-Römermuseum** steht auf dem Silverberg, an der Stelle, wo einstmals das Kastell Aliso stand. Von hier aus versuchten die Römer Germanien zu unterwerfen, bis zur vernichtenden Schlacht neun nach Christus. Danach zogen sie sich wieder hinter den Rhein zurück.*

Römer & Preußen

Von Haltern nach Wesel

Die Lippe bei Dorsten

Nach einer kurzen Rampe fahren wir über eine neue, schön gestaltete Brücke mit Sitzgelegenheiten über die Dorstener Straße. Nach 200 Metern geht rechts ein Weg hoch zum **Annaberg.** Hier steht die Wallfahrtskapelle St. Anna von 1378, und angeblich stand hier auch das Römerlager Aliso. Diese Behauptung lässt sich bis heute jedoch nicht belegen. Dagegen hat man am Silverberg, wo das LWL-Römermuseum liegt, eindeutige Funde bei Grabungen gemacht. Da wir uns neben der Bahntrasse auch oft auf dem Themenradweg „Römerroute" (Detmold–Wesel) bewegen, bekommen wir unterwegs noch einige schöne Schautafeln zum Leben der römischen Legionäre geboten.

Dorsten

Am Ende dieses Bahntrassenabschnitts stehen wir vor dem alten Bahnhof Lippramsdorf, in dem heute das schöne **Café Zum alten Bahnhof** ③ eingerichtet ist. Wir folgen weiter nach links dem Pfeilwegweiser Richtung Dorsten.

Wenn wir nach einiger Zeit Richtung Süden blicken, sehen wir in der Ferne viele Schonsteine und Raffinerieanlagen des 6,5 Quadratkilometer großen Chemieparks Marl (einst Chemische Werke Hüls), wo es 10.000 Arbeitsplätze gibt. Er ist auch Teil der „Route der Industriekultur".

Wir radeln weiter **Richtung Dorsten** und treffen bald erstmals auf die Lippe, die wir hier überqueren. Der Fluss ist insgesamt 220 Kilometer lang, entspringt in Bad Lippspringe am Teutoburger Wald und mündet in Wesel in den Rhein.

Direkt vor dem Wesel-Datteln-Kanal geht es dann rechts ab, und nach 1,5 Kilometern sehen wir links das **Gasthaus Gloe** (4) mit schattigem Biergarten am Radweg liegen. Nach weiteren 400 Metern radeln wir wieder auf die rechte Seite der Lippe und bleiben dort bis Wesel. In Hervest, das wir als Nächstes erreichen, sehen wir rechts die Kirche Sankt Paulus, an der wir nach links **Richtung Schermbeck** abbiegen.

Wenn wir auf der linken Lippeseite den Kirchturm von Dorsten erblicken, unterqueren wir bald die beiden Eisenbahnbrücken Dorsten–Borken und Dorsten–Coesfeld. Von der Hamburg-Venloer Bahn gab es hier früher einen Verbindungszweig aus der Richtung Haltern zum Bahnhof Dorsten.

Wenn wir den Lippedamm nach rechts **Richtung Holsterhausen** verlassen, geht es nach ca. 500 Metern nach links wieder auf die Bahntrasse **Richtung Scherm-**

***Burg Schermbeck** wurde als klevische Landesburg um 1300 erbaut, mehrfach zerstört, beschädigt und umgebaut. Seit 1662 ist sie in Privatbesitz. Die Burganlage wurde auf einer älteren Motte errichtet. Vorburg und Wassergraben sind verloren gegangen.*

Für die Seele

Wer auf den Spuren von Römern und Preußen wandeln und träumen möchte, ist hier richtig. Es öffnen sich immer wieder Fenster in die Tiefe der Vergangenheit.

beck. Nach ca. 8 Kilometern stoßen wir im Gewerbegebiet von Schermbeck auf die Landstraße L 104, fahren dort kurz nach rechts und wieder nach links Richtung **Hünxe-Drevenack.**

Wer möchte, kann hier einen kleinen Abstecher nach Schermbeck machen (1,5 Kilometer), um im gemütlichen **Café Änneken´s Tenne** 5 auf der Terrasse eine Auszeit zu nehmen oder um die alte **Burg Schermbeck** 6 zu besichtigen.

Wir radeln weiter auf dem Bahnradweg in Richtung Hünxe-Drevenack. Nach ca. 3 Kilometern müssen wir die Bahntrasse nach rechts zur B 58 verlassen. Auf dem Weg dorthin sehen wir zur Linken eine gut erhaltene Bockwindmühle. Die **Dammer Windmühle** 7 nahm Ende 1860 ihren Betrieb auf. Im Zweiten Weltkrieg zerstört, wurde sie liebevoll restauriert, aber ohne je wieder Korn zu mahlen.

Die B 58 verlassen wir nach gut 250 Metern bereits wieder nach links dem Pfeilwegweiser **Richtung Hünxe** folgend. Kurz darauf gelangen wir nach rechts abbiegend auf die Bahntrasse, was wir auch unschwer an dem an einigen Stellen noch sichtbaren Schotter links und rechts des Radweges erkennen können. Auch die gerade Linienführung gibt uns dieses Gefühl wieder, wie ein Lokführer dazumal auf der Strecke zu sein, sich langsam, aber sicher unserem Ziel Wesel nähernd.

Vor einer Straße endet die Bahntrasse wieder und wir sehen rechts von uns einen liebevoll mit einem Hektometerstein und Schautafel eingerichteten Rastplatz. Aufgrund der Kilometersteine konnten sich die Lokführer mittels Buchfahrplan orientieren und ihre Geschwindigkeit einrichten. Wir befinden uns an der ehemaligen Haltestelle Damm/Lippe. In **Drevenack** geht es nach links über einen schmalen Weg unorthodox eng um einen Sandkasten herum auf die Buchenstraße und 11 Kilometer weiter mit der Radwegeführung **Richtung Wesel.** Nach 1000 Metern unterqueren wir die A 3, und jetzt sehen wir zum ersten Mal noch alte Bahngleise der Hamburg-Venloer Bahn zugewachsen liegen. Verwunschen von vielen Bäumen und Sträuchern durchsetzt, hat die Natur hier wieder ihr Recht eingefordert. Teilweise halten

*Die **Eisenbahnbrücke** wurde 1874 mit 97 Torbrücken und sechs Stahlbrücken mit insgesamt 1950 Metern Länge von der Cöln-Mindener Eisenbahngesellschaft gebaut. Überreste dieser längsten Eisenbahnbrücke am Rhein sind gut zu erkennen.*

Eisenbahnbrücke Wesel

die Birken als Pionierpflanzen ganze Schienenteile fast liebevoll fest umschlossen.

Immer wieder gibt es einen Wechsel von Bahntrasse auf Wirtschaftswege und zurück. Am Ortseingang von Wesel treffen wir das erste Mal an der Bahnstrecke auf Andreaskreuze am Überweg Aaper Weg. Hier finden noch Rangierfahrten statt.

Berliner Tor

Wir fahren nach rechts dem Pfeilwegweiser **Richtung Wesel Innenstadt** folgend. Nach kurzer Fahrt wechseln wir nach links und wieder nach links in die Straßen Kiek in den Busch und In der Luft, queren wieder die Bahnstrecke und sehen plötzlich weit in die tief liegende Lippeaue hinein. Hier gibt es eine Infotafel zum alten Lippehafen zu sehen, und von der Fürstenbergstraße aus können wir links über Brombeersträucher hinweg den alten Haltepunkt mit dem Schild **Altes Wasserwerk** (8) erkennen. In einer lang gezogenen Rechtskurve sehen wir links die zweigleisige elektrische Hauptbahn Oberhausen–Utrecht, wie sie sich langsam mit der Hamburg-Venloer Bahn vereinigt. Früher ging ein Abzweig direkt geradeaus weiter auf den Rhein zu und überquerte ihn etwa an der Stelle, wo heute die Brücke der Bundestraße 58 ist. Leider wurde die **Eisenbahnbrücke** (9) im März 1945 von Wehrmachtssoldaten vor den anrückenden Alliierten gesprengt und nicht wieder aufgebaut.

*1568 errichtete die Stadt **Wesel** zur Verteidigung bereits eine Bastion. Ab 1681 wurde die Stadt von den Preußen zur Festungsstadt umgebaut. Um 1780 gab es bereits mehr als 5000 Soldaten und Angehörige in der 10.000 Einwohner zählenden Stadt.*

1 Kilometer weiter erreichen wir unser heutiges Ziel, den Bahnhof Wesel. Wer nicht sofort zurückmöchte, kann hier noch eine Stadtbesichtigung einlegen. Auf keinen Fall sollte man den Besuch des schönen **Berliner Tores** (10) versäumen, des letzten erhaltenen Stadttores der einstigen preußischen Festung Wesel.

Hamburg-Venloer Bahn

Die Hamburg-Venloer Bahn war Teil der Strecke Paris –Hamburg. Der Abschnitt Wesel–Haltern wurde im März 1874 fertiggestellt. Der zweigleisige Ausbau wurde erst 1914 vollendet. Die Strecke diente hauptsächlich dem Güter- und Militärverkehr. Im Personenverkehr behielt die südlich gelegene Bahnstrecke Duisburg–Wanne–Haltern ihre Vorrangstellung.

1936 stellte Nederlandse Spoorwegen den Betrieb von und nach Venlo ein. Im März 1945 sprengte die deutsche Wehrmacht die Rheinbrücke bei Wesel vor den Alliierten. Damit war der Niedergang der Hamburg-Venloer Bahn eingeleitet. 1949 bis 1952 wurde das zweite Gleis abgebaut. 1962 wurde der Personen- und im Mai 1974 der Güterverkehr und damit nach 100 Jahren und einem Monat der Gesamtbetrieb eingestellt. Von 1987 bis 2006 richtete der Regionalverband Ruhr den Radweg auf der Bahntrasse ein.

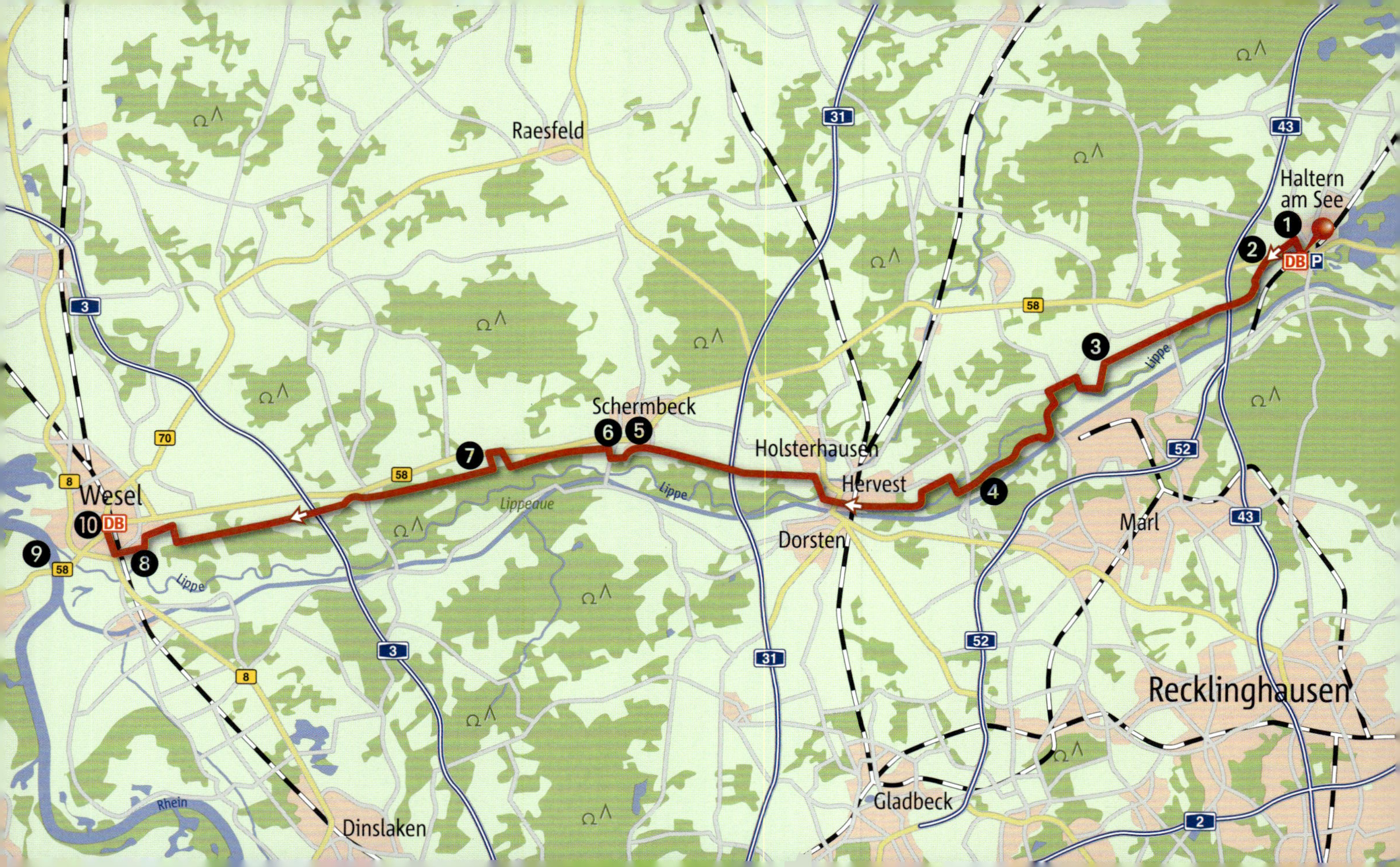
Haltern am See
Raesfeld
Schermbeck
Holsterhausen
Hervest
Dorsten
Marl
Recklinghausen
Gladbeck
Dinslaken
Wesel
Lippe
Lippeaue
Rhein
DB
P
1
2
3
4
5
6
7
8
9
10
43
31
3
58
70
8
52
2

Alles auf einen Blick

WIE & WANN:
Überwiegend wassergebundene Wege, keine Steigungen; ganzjährig empfohlen

HIN & WEG:
Auto: Parkplatz am Bahnhof Haltern, Annabergstraße (GPS: 51.7374363, 7.181698)
ÖPNV: RE 2, 42 und S 9 bis Haltern; Rückkehr zum Ausgangspunkt: ab Wesel RE 5, 19 und RB 35 bis Oberhausen, von hier RE 3 und S 2 bis Gelsenkirchen und weiter mit RE 2 und 42

ESSEN & ENTSPANNEN:
Café Extrablatt ❶ Merschstraße 1–3, 45721 Haltern am See, Tel. (0 23 64) 5 08 54 14, www.cafe-extrablatt.de
Café Zum alten Bahnhof ❸ Oelder Weg 36, 45721 Haltern am See, Tel. (0 23 60) 2 48 54 01
Gasthaus Gloe ❹ Am Kanal 333, 45768 Marl, Tel. (0 23 65) 6 22 84, www.haus-gloe.de
Änneken´s Tenne ❺ Mittelstraße 1, 46514 Schermbeck, Tel. (0 28 53) 6 04 43 00, www.aennekens-tenne.de

Entspannung ★★★★☆
Genuss ★★★☆☆
Romantik ★★★★☆

ENTDECKEN & ERLEBEN:
LWL-Römermuseum ❷ Weseler Straße 100, 45721 Haltern am See, Tel. (0 23 64) 9 37 60
Burg Schermbeck ❻ Burgstraße 10, 46514 Schermbeck
Dammer Bockwindmühle ❼
Haltepunkt Altes Wasserwerk ❽
Historische Eisenbahnbrücke Wesel ❾ Fort I 1II, 46487 Wesel
Berliner Tor Wesel ❿

Olpe

- 58 Kilometer
- 770 Höhenmeter
- 5 Stunden
- Strecke

Wir starten am Bahnhof Attendorn. Wer mag, kann sich zum Beginn der Tour erst in **Attendorn** umsehen. Empfehlenswert ist der Besuch des **Südsauerlandmuseums** oder auch der **Atta-Höhle** ①.

Wir fahren mit den Bahnanlagen im Rücken nach links über die Straße **Am Zollstock.** Nach rund 300 Metern treffen wir auf eine Kreuzung. Hier wenden wir uns links auf **Am Wassertor** und queren die Umgehungsstraße und die Bigge, um sofort dahinter links die Unterführung mit der Radwegweisung Richtung **Olpe** zu nutzen. Auf den nächsten 3 Kilometern arbeiten wir uns langsam zum **Biggesee** hoch, der fünftgrößten Talsperre Deutschlands.

*Auf dem Markt der Hansestadt **Attendorn** findet man das sehenswerte Südsauerlandmuseum. Ebenso lohnt ein Besuch der Atta-Höhle, die zu den größten und schönsten Tropfsteinhöhlen Deutschlands zählt. Über allem thront die Trutzfeste Burg Schnellenberg.*

Wir radeln in südlicher Richtung an der linken

Bigge & Sieg

Von Attendorn nach Kirchen (Sieg)

Seite des Sees entlang, der Radwegweisung Richtung **Olpe** folgend. Fast 16 Kilometer ist der See unser Begleiter, bis wir die ersten Dächer von Olpe erblicken. Wenn wir das Freizeitbad Olpe rechts neben uns sehen, stoßen wir sogleich auf die Straße **In der Wüste,** und 200 Meter später sehen wir die Radwegweisung Richtung **Kirchhundem.** Wir folgen dieser, indem wir die **Franziskanerstraße** nach links queren, und sehen nach rund 300 Metern links die **Kirche St. Martinus** ②. In unmittelbarer Nachbarschaft, auf der anderen Seite vom Marktplatz, befindet sich die **Bortolot Eisdiele** ③.

*Die Kirche **St. Martinus** in Olpe wird urkundlich bereits im Jahr 1220 erwähnt. Ihre heutige Gestalt geht auf das Jahr 1909 zurück, als sie nach einem Brand im neugotischen Stil wiedererrichtet wurde.*

Wir rollen links bis zum Kreisverkehr und an der ersten Ausfahrt der **Bahnhofstraße** zum Bahnhof. Danach geht es, wenn wir vor dem Bahnhof stehen, links rund 200 Meter auf der Straße **Am Biggeufer** weiter. Wir queren die Hauptstraße Am Bratzkopf und folgen der Radwegweisung **Richtung Friesenhagen/Freudenberg.** Lange Zeit fahren wir parallel zur L 512, die hier **Bruchstraße** bzw. **Koblenzer Straße** heißt. Etwa 3 Kilometer hinter Gerlingen stoßen wir auf das Museum **Wendener Hütte 4.**

Wir radeln weiter in Richtung **Freudenberg** über Brün und passieren den Bahnhof Wildenburg, der heute ein Wohnhaus ist. 400 Meter nordwestlich befindet sich das Bigge-Quellgebiet in rund 400 Metern Höhe. 200 Meter weiter geht es auf den BahnRadweg der ehemaligen Asdorftalbahn. Nach rund 1500 Metern kommt der **Hohenhainer Tunnel 5** mit 400 Metern Länge. Von Oktober bis März ist er mit Rücksicht auf die hier nistenden Fledermäuse leider gesperrt.

Der Tunnel stellt den Scheitelpunkt dar, heißt, nun geht es mit fantastischen Ausblicken in der wald-

*Die **Wendener Hütte** ist fast 300 Jahre alt. Es handelt sich um eine der ältesten Hochofenanlagen Deutschlands. Jahrzehntelang in Vergessenheit geraten, kann das alte Eisenwerk heute besichtigt werden.*

Wendener Hütte

Biggesee

Für die Seele

Wasser hat etwas Magisches, es bedeutet Leben, Aufatmen, Erfrischung. Dazu im Blätterrauschen am Wasserrand radeln und das Blau und Grün auf sich wirken lassen.

Freudenberg

Kleines Eisenbahnmuseum in Fischbach

reichen Landschaft bergab. Bald sind schon die schiefergedeckten Fachwerkhäuser im **historischen Freudenberg** ⑥ zu sehen.

Wir folgen weiter der Radwegweisung Richtung **Kirchen (Sieg).** Bald wechselt die Radwegweisung von roter zu grüner Schrift, da wir nach Wildenburg hier zum zweiten Mal nach Rheinland-Pfalz kommen. Nach rund 5 Kilometern sehen wir im **Bahnhof Niederfischbach** einige historische Eisenbahnfahrzeuge der Asdorftalbahn.

Nach weiteren 8 Kilometern erreichen wir Kirchen an der Sieg. Wegen seiner erhöhten Lage grüßt uns die Stadt schon von Weitem. Wenn wir auf die **Jungenthaler Straße** stoßen, sehen wir auch 400 Meter weiter schon die hohe Eisenbahnbrücke vor Kirchen. Rund 50 Meter davor geht der Radweg rechts ab und quert kurz darauf die Sieg. Weitere 200 Meter dahinter stehen wir vor unserem Ziel, dem Bahnhof Kirchen (Sieg).

*Der Flecken **Freudenberg** ist ganz in Fachwerkbauweise errichtet. Er vermittelt einen Eindruck von einer Kleinstadt aus dem 17. Jahrhundert. Die Altstadt wurde als „Baudenkmal von internationaler Bedeutung" in den Kulturatlas des Landes NRW aufgenommen.*

Finnetrop–Olpe Asdorftalbahn

Im November 1875 wurde von der Bergisch-Märkischen Eisenbahn die Strecke Finnentrop–Olpe in Betrieb genommen. 1907 folgte der Anschluss über die Asdorftalbahn von Olpe über Freudenberg nach Kirchen (Sieg). Beim Bau des Biggesees (1956–1965) war anfangs geplant, die gesamte Strecke stillzulegen. Doch die Politik entschied sich mit Rücksicht auf den Tourismus für einen kompletten Neubau der Bahn entlang des Seeufers. Dafür wurden drei neue Tunnels gebaut, von denen der Bausenberg-Tunnel mit 1071 Metern der längste ist. Die Strecke, die für eine künftige Elektrifizierung vorbereitet ist, wurde am 31. Mai 1964 fertiggestellt. Die Asdorftalbahn von Freudenberg nach Kirchen (Sieg) war ein Abschnitt der einstigen Gesamtstrecke von Finnetrop über Olpe und Freudenberg bis Kirchen (Sieg). Der Personenverkehr wurde bereits am 28. Mai 1983 für die Strecke Olpe–Kirchen (Sieg) eingestellt. Im Güterverkehr wurde die Strecke bis Ende 1994 als Anschlussbahn betrieben. Am 4. November 1997 erfolgte die Stilllegung durch das Eisenbahn-Bundesamt. Die Gleise wurden bis auf einen Rest im Niederfischbacher Bahnhof abgebaut. Der BahnRadweg von Olpe nach Kirchen (Sieg) ist mit dem blauen Signet des Ruhr-Sieg-Radwegs gekennzeichnet, der bereits in Meschede an der Ruhr beginnt und über Eslohe, Finnentrop und Attendorn verläuft.

Attendorn
DB
P
1
Biggesee
45
55
3
2
Olpe
Droishagen
54
Saßmicke
Friedrichsthal
Gerlingen
4
Hilmicke
4
Wenden
5
45
Freudenberg
6
Niedertischbach
62
Kirchen (Sieg)
DB

Alles auf einen Blick

WIE & WANN:
Überwiegend asphaltierte Wege, einige Steigungen; von Frühling bis Herbst empfehlenswert

HIN & WEG:
Auto: Parkplatz am Bahnhof Attendorn (GPS: 51.124909, 7.909633)
ÖPNV: RE 16 oder RB 91 bis Finnentrop, dann RB 92 bis Attendorn-Hohen Hagen;
Rückkehr zum Ausgangspunkt: ab Kirchen RE 9 oder RB 95 bis Siegen,
RE 16 oder RB 91 bis Finnentrop, weiter mit RB 92 bis Attendorn-Hohen Hagen

ESSEN & ENTSPANNEN:
Bortolot Eisdiele ❸ Westfälische Straße 11, 57462 Olpe, Tel. (0 27 61) 28 24

ENTDECKEN & ERLEBEN:
Atta-Höhle ❶ Finnentroper Straße 39, 57439 Attendorn,
Tel. (0 27 22) 9 37 50, www.atta-hoehle.de

Entspannung ★★★★☆
Genuss ★★★★☆
Romantik ★★★☆☆

Kirche St. Martinus ❷ Kirchgasse 2, 57462 Olpe
Wendener Hütte ❹ Hochofenstraße 6, 57482 Wenden, Tel. (0 27 61) 81-401
Tunnel Hohenhain ❺
Historisches Freudenberg ❻

- 54 Kilometer
- 768 Höhenmeter
- 5 Stunden
- Strecke

Ahauser Stausee

Wir verlassen den Bahnhofsvorplatz von Freienohl nach rechts und folgen der **Bahnhofstraße.** Nach etwa 1 Kilometer erreichen wir eine Autobahnbrücke. Nach weiteren 500 Metern in Wennemen biegen wir rechts in die **Biekestraße** ein und folgen bergab der Radwegweisung über die Bahnstrecke Hagen–Kassel. Hinter der Brücke geht es sogleich scharf rechts auf den BahnRadweg Richtung **Finnentrop** mit dem Logo **Sauerland-Radring.** Nach wenigen Minuten treffen wir auf die **Ruhr** 1 und überqueren sie auf einer neuen Fahrradbrücke. Ein Widerlager der alten Eisenbahnbrücke ist hier ausgestellt, wir können die Ruhr in ihrem idyllischen Lauf überblicken.
Nun bleiben die **Wenne** 2 (31 Kilometer lang) und das

Klippen & Seen

Von Freienohl nach Attendorn

Wennetal bis Wenholthausen unsere treuen Begleiter.

Wenn wir die letzten Häuser rechts von Wenholthausen sehen, dann folgt nach wenigen Minuten die sehenswerte stillgelegte **Eisenbahnkastenbrücke** 3, Strecke Wenholthausen–Finnentrop, über die Wenne hinweg. Etwa 2 Kilometer hinter Wenholthausen kreuzen wir den Fluss und verlassen die Bahntrasse und folgen der Straße Sallinghausen. Bevor wir den früheren Bahnhof Eslohe und damit wieder die einstige Bahntrasse erreichen, sehen wir rechts die Hellebrücke aus Naturstein mit 40 Metern Spannweite. Links im Salweytal finden wir die alte Maschinen- und Gelenkkettenfabrik, das heutige sehr sehenswerte **Museum Eslohe** 4. Wir fahren am alten Bahnhof Es-

*Im 113 Hektar großen **FFH-Gebiet Wenne** (von Frielinghausen bis zur Mündung) finden Hopfen, Wasserdost, Aronstab und der flutende Hahnenfuß sowie gefährdete Arten wie Schwarzstorch und Bachneunauge einen reich strukturierten und wertvollen Lebensraum.*

lohe vorbei und folgen weiter dem Logo **Sauerland-Radring** Richtung **Finnentrop.** Bald taucht vor uns das Nordportal des **Kückelheimer Tunnels** (5) mit 689 Metern Länge auf. Er muss leider im Winter umfahren werden, da er wegen der Fledermäuse dann gesperrt wird. Nun rollt es wie von selbst, sind Tunnel doch meist am Scheitelpunkt gebaut. So dauert es auch nicht lange, und wir radeln durch Fretter, wo es noch eine historische **Knochenmühle** (6) gibt.

*Die **Knochenmühle Fretter** ist die letzte von vielen, die es noch bis ins 20. Jahrhundert im Sauerland gab. Mit Wasserkraft angetrieben, verarbeitete sie bis zu 2000 Kilogramm Tierknochen im Jahr. Das Mehl verwendeten die Bauern zum Düngen der Äcker.*

Weiter rollen wir bergab in Richtung **Finnentrop** und der Lenne entgegen. Kurz vor Lenhausen stoßen wir auf den nicht befahrbaren Lenhauser Tunnel (195 Meter) und müssen eine Umfahrung in Kauf nehmen. In Lenhausen führt der Sauerland-Radring am **Schloss Lenhausen** (7) vorbei.

__Schloss Lenhausen__ wurde 1285 erstmals erwähnt und ist seit 1457 Stammsitz der Familie von Plettenberg-Lenhausen. 1483 wurde die Burg in ein Oberes und ein Unteres Haus aufgeteilt. Letzteres wurde im 18. Jahrhundert durch einen Brand vollständig zerstört und 1874 wiederaufgebaut.

50 Meter weiter fahren wir unter der Bahnlinie Hagen–Siegen hindurch und folgen ihr auf der rechten Seite Richtung Finnentrop. Dabei müssen wir die Lenne queren. In Finnentrop trifft die **Lennestraße** auf die **Attendorner Straße,** auf der wir bleiben und nun der Radwegweisung Richtung **Attendorn** folgen. Wer zu-

Schloss Lehnhausen

Blick vom Radweg ins Wennetal

Für die Seele

Mit Ruhe mäandert die Wenne und lässt uns träumen von dem immerwährenden Wachsen und Werden. Dieses Naturschauspiel ist hier im FFH-Gebiet und am Ahauser Stausee zu spüren.

vor einkehren möchte, kreuzt erneut die Lenne und findet am Bahnhof Finnentrop die **Pizzeria Thusy** 8. Bei Kilometer 45 verlassen wir hinter einem Kreisverkehr die Straße nach links durch eine leicht zu übersehende Toreinfahrt. Wir steuern auf einen imposanten Gutshof in der Biggeaue zu, vor dem wir nach rechts weiter der Radwegweisung folgen. Es geht in eine Rechtskurve, und unvermittelt liegt vor uns der **Ahauser Stausee** 9, den eine Bahnbrücke der Strecke Finnentrop–Attendorn überquert.

Wenn wir in Attendorn auf die Straße **Am Wassertor** treffen, fahren wir der Radwegweisung Richtung **Plettenberg** folgend rund 500 Meter rechts, bis wir auf unser Ziel, den Bahnhof Attendorn, stoßen.

1937/38 entstand im Tal der Bigge der ***Ahauser Stausee*** *(40 Hektar) zur Stromerzeugung. Teile des Stausees, besonders die steil aus dem See aufragenden Kalkklippen, sind als Naturschutzgebiet ausgewiesen und gehören zum FFH-Gebiet Kalkbuchenwälder Finnentrop.*

Fledermaustunnel

Sauerland-Radring

Mangels Fachkräften zog sich der Bau der Bahnstrecke Wennemen–Finnentrop, der bereits im Mai 1900 beschlossen worden war, mehr als zehn Jahre hin: Erst im Mai 1911 erfolgte die Eröffnung. Man hatte für die Arbeiten an der Strecke in großem Stil Arbeiter aus Italien angeworben. Bei den Bauarbeiten kamen fünf Menschen ums Leben. Ab Mai 1963 verkehrte auf der Strecke ein Eilzug von Köln nach Paderborn. Er hatte bald seinen Spitznamen Kardinalsexpress weg, da er von einem Sitz eines Erzbischofs zum anderen verkehrte. Die Stilllegung des Bahnverkehrs erfolgte abschnittsweise von Mai 1966 bis Dezember 1994.

Im März 2007 eröffnete NRW-Verkehrsminister Oliver Wittke einen Teil des Sauerland-Radrings auf der ehemaligen Bahnstrecke durch den Kückelheimer Tunnel. Dieses Bauwerk wird auch Fledermaustunnel genannt, weil die Tiere dort regelmäßig zahlreich überwintern. Eine rote Fledermaus mit einem weißen Fahrradfahrer ziert auch das Logo des Sauerland-Radrings. Der Tunnel bleibt aus dem genannten Grund in den Wintermonaten gesperrt. Auch der Lenhauser Tunnel bei Finnentrop ist für Fahrradfahrer gesperrt, weil dort ein Schießstand untergebracht ist. Der BahnRadweg ist nicht nur Teil des Sauerland-Radrings, auch der Ruhr-Sieg-Radweg von Meschede nach Kirchen (Sieg) verläuft teilweise über diese Strecke.

229
Arnsberg
45
Oeventrop
Freienohl
DB
P
1
2
Salway
Sundern
Wenholthausen
3
4
Eslohe
5
55
7
6
Fretten
Finnentrop
8
55
9
Altendorn
Ahauser See
236
DB

Alles auf einen Blick

WIE & WANN:
Überwiegend asphaltierte Wege, wenig Steigungen; von Frühling bis Herbst empfehlenswert

HIN & WEG:
Auto: Parkplatz am Bahnhof Freienohl (GPS: 51.366513, 8.169664)
ÖPNV: RE 17 oder 57 bis Freienohl; Rückkehr zum Ausgangspunkt: ab Attendorn RB 92 bis Finnentrop, von dort RE 16 oder RB 91 bis Hagen Hbf., weiter mit RE 17 bis Freienohl

ESSEN & ENTSPANNEN:
Pizzeria Thusy ❽ Bamenohler Straße 243, 57413 Finnentrop, Tel. (0 27 21) 71 81 88

ENTDECKEN & ERLEBEN:
Ruhraue ❶
FFH-Gebiet Wenne ❷

Entspannung ★★★★★
Genuss ★★★☆☆
Romantik ★★★☆☆

Eisenbahnkastenbrücke ❸
DampfLandLeute – Museum Eslohe ❹ Homertstraße 27, 59889 Eslohe, Tel. (0 29 73) 24 55
Kückelheimer Fledermaustunnel ❺
Knochenmühle Fretter ❻ Schöndelter Straße 11, 57413 Finnentrop, Tel. (0 27 24) 82 58, www.knochenmuehle-fretter.de (Besichtigung nach Vereinbarung)
Schloss Lenhausen ❼ Westfalenstraße 9, 57413 Finnentrop (nur Außenansicht)
Ahauser Stausee ❾

Möhnesee

- 56 Kilometer
- 260 Höhenmeter
- 5 Stunden
- Strecke

Wir starten am Bahnhof Brilon. Wer mag, kann sich zuerst noch das historische **Brilon** (450 Meter hoch) ansehen, dazu folgt man, den Bahnhof im Rücken, links der **Bahnhofstraße** etwa 700 Meter bis zum Markt mit **Rathaus** (1) und seinem Petrusbrunnen, den die Einheimischen liebevoll „Kump“ nennen.

Wir kehren vom Markt zum Bahnhof zurück und folgen der Radwegweisung Richtung **Möhnesee** mit dem Signet **Möhnetal-Radweg.** Nach 200 Metern geht es links hinter einem Friedhof direkt auf den BahnRadweg. Schon wenige Kilometer weiter sehen wir die **Möhne,** noch ein ganz kleines Bächlein, neben uns fließen. Sie entspringt bei Brilon und mündet nach 65 Kilometern in die Ruhr.

*Das **Rathaus** aus dem Jahr 1250 ist eines der ältesten Rathäuser Deutschlands. Während der Hanse war es Gildehaus, heißt Verkaufsstätte für die ansässigen Handwerker und Krämer. 1755 wurde das Haus vom waldeckschen Baumeister Johann Matthäus Kitz umgestaltet.*

Alles am Fluss

Von Brilon nach Soest

Auf den ersten 10 Kilometern begleitet uns die Bundesstraße 516 teilweise in recht geringer Entfernung, danach hält sie mehr Abstand, was der Ruhe auf unserem BahnRadweg zugutekommt.

Nach 25 Kilometern erreichen wir Belecke, das uns schon von Weitem mit seiner Altstadt auf einem Hügel im Möhnetal begrüßt. Wir fahren auf der Straße **Unterm Haane** in den Ort ein. Wo nach rechts die **Poststraße** abzweigt, folgen wir dieser etwa 20 Meter bis zum **Wilkeplatz.**

Bei der Weiterfahrt kreuzen wir die Bahnstrecke Münster–Warstein der Westfälischen Landes-Eisenbahn (WLE). Belecke, das seit 1975 zur Stadt Warstein gehört, ist ein wichtiger Industriestandort, was

*Zur Fertigstellung 1913 war der **Möhnesee** der größte Stausee in Europa. Er besitzt ein Fassungsvermögen von rund 134,5 Millionen Kubikmeter Wasser und ist über 10 Kilometer lang. Das Sperrwerk besteht aus Bruchsteinmauerwerk und hat eine Kronenlänge von 650 Metern.*

wir auch merken, wenn wir die zahlreichen Gleise hier in Richtung **Möhnesee** queren.

Nach weiteren 5 Kilometern kommen wir nach Sichtigvor, ebenfalls ein Ortsteil von Warstein. Der Heimatverein hat hier zwei Waggons aufgestellt, die ein kleines **Eisenbahnmuseum** bilden: Einer von ihnen enthält ein Modell zur Möhnetalbahn.

Wir radeln kurz zum **Deutschordensschloss** 2, indem wir an der Kreuzung **Sankt-Georg-Straße** nach rechts fahren und nach 400 Metern vor der Mauer des Schlosses stehen.

Wir fahren zurück zum BahnRadweg und rechts weiter in Richtung Stausee. Unterwegs kommen wir am **Loagshof** 3 vorbei. Kurz hinter Völlinghausen treffen wir auf das östliche Ende des **Möhnesees** 4.

300 Meter weiter sehen wir ein Schwimmbad mit Sandstrand. Der Bahnhof Wameln, 1899 an dieser Stelle erbaut, musste bereits 1912 schon wieder dem Möhnesee weichen und wurde an einem höher gelegenen Platz neu errichtet.

Deutschordenschloss

Für die Seele

Wie ein Kind sehen wir von der Quelle beginnend den Fluss liebevoll wachsen. Einer Lebensader gleich durchströmt er immerwährend die Landschaft in schönen Bögen.

Petrusbrunnen in Brilon

Wir bleiben auf dem BahnRadweg in Richtung **Soest.** Langsam radeln wir auf der korkenzieherförmig angelegten Trasse, wie sie einst die Dampflokomotiven befuhren, den Haarstrang hinauf. Auf halbem Weg sehen wir nacheinander elf Skulpturen. Sie stammen von sieben Künstlern aus der Kulturregion Hellweg.

Bei Kilometer 50 unterqueren wir die A 44, verlassen hier die alte Bahntrasse und durchfahren ein Gewerbegebiet der Stadt Soest. Wir folgen weiter der Radwegweisung Richtung Soest. Kurz nach der Überquerung der alten WLE-Bahnstrecke Soest–Brilon fahren wir auf das mächtige **Osthofentor** 5 zu.

1 Kilometer weiter erreichen wir den Bahnhof Soest. Wer ins Stadtzentrum bzw. zum **Rathaus** 6 möchte, radelt vom **Osthofentor** direkt geradeaus weiter rund 600 Meter über die Osthofenstraße bzw. **Propst-Nübel-Straße** bis zur Ecke **Rathausstraße.** Dieser folgen wir nach rechts rund 150 Meter bis zum Rathaus von Soest. Anschließend können wir im **Eiscafé & Restaurant Solista** 7 die Tour ausklingen lassen.

*Das **Osthofentor,** 1603 aus Sandstein errichtet, ist das letzte von einst zehn Stadttoren der Hansestadt Soest. Im Jahr 1534 wurden hier zehn Täufer hingerichtet. Das Osthofentor beherbergt ein Museum zur Stadtgeschichte.*

Möhnetalbahn

Die Westfälische Landes-Eisenbahn mit Sitz in Lippstadt baute die eingleisige Normalspurstrecke von Brilon nach Soest. Nach dem Fluss Möhne, dessen Lauf sie auf weiten Strecken folgt, wird sie auch Möhnetalbahn genannt. Am 1. Dezember 1898 wurde der Betrieb auf dem Abschnitt Brilon–Belecke und ein Jahr später auf dem Abschnitt Belecke–Soest aufgenommen. Zwischen 1960 und 1979 wurde zuerst der Personen- und dann auch der Güterverkehr abschnittsweise eingestellt. Heute gibt es für einen Holzanschließer nur noch einen Restverkehr auf dem Abschnitt Belecke–Rüthen. Seit 1981 gibt es den BahnRadweg zwischen Soest und Belecke, 2012 wurde auch die Strecke zwischen Belecke und Brilon für den Verkehr freigegeben.

Soest
Ostenhellweg
Kiepenkerl-Weg
Haarweg
Bahnhofstraße
Möhnesee
Mülheim
Allagen
Belecke
Rüthen
Möhnestraße
Osterhof
Brilon
DB
P
1
44
55
516
480

Alles auf einen Blick

WIE & WANN:
Überwiegend asphaltierte Wege, mäßige Steigungen; ganzjährig empfohlen

HIN & WEG:
Auto: Parkplatz am Bahnhof Brilon (GPS: 51.396781, 8.575171)
ÖPNV: RE 57 bis Brilon Stadt; Rückkehr zum Ausgangspunkt: ab Soest RB 89 bis Warburg (Westf.), von dort RE 17 bis Brilon Wald, weiter mit RE 57 bis Brilon Stadt

ESSEN & ENTSPANNEN:
Café & Restaurant Loagshof ❸ Sauerlandstraße 14, 59581 Warstein, Tel. (0 29 25) 39 03
Eiscafé & Restaurant Solista ❼ Walburgerstraße 8, 59494 Soest, Tel. (0 29 21) 9 44 40 66

ENTDECKEN & ERLEBEN:
Rathaus Brilon ❶ Am Markt 1, 59929 Brilon
Deutschordensschloss ❷ Ordensritterweg 1, 59581 Warstein (nur Außenansicht)

Entspannung ✱✱✱✱✱
Genuss ✱✱✱✱✱
Romantik ✱✱✱✱✱

Möhnesee ❹
Osthofentor ❺ Osthofenstraße 72, 59494 Soest, Tel. (0 29 21) 1 60 15
Rathaus Soest ❻

Lippequelle mit Burgruine

- 63 Kilometer
- 110 Höhenmeter
- 5 Stunden
- Strecke

Wir starten am Hauptbahnhof Paderborn gegenüber auf dem Hochbordradweg nach links **Richtung Paderborn Zentrum.** Gleich nach 100 Metern geht es rechts ab, den Pfeilwegweisern folgend. Nach etwa 600 Metern radeln wir rechts von der Straße weg durch den Riemekepark. Wenn wir den Boltonwall überqueren, sind wir schon in der Altstadt. Nach etwa 300 Metern müssen wir vor dem Marienplatz links abbiegen, und es geht ca. 100 Meter runter bis zum ersten großen **Pader-Quellteich** ❶. In unmittelbarer Nähe bietet sich das **Galerie Restaurant & Café** ❷ für eine erste Pause an.

Ein Abstecher zum **Dom** ❸ lohnt immer. Da Fahrradfahren auf dem Domplatz nicht möglich ist, kann man die Räder auch woanders abstellen und sich z.

*Die **Pader** ist mit nur 4 Kilometern der kürzeste Fluss Deutschlands, aber mit rund 200 Quellen und 4000–9000 Litern/Sekunde. Wasser dafür der Fluss mit der größten Schüttung. Dieses Naturphänomen war auch der Grund für Karl den Großen, hier eine Kaiserpfalz zu errichten.*

Wasser-Reich

Von Paderborn bis Rheda-Wiedenbrück

B. das berühmte Dreihasenfenster zu Fuß ansehen: Es gibt nur drei Ohren, und dennoch haben alle drei Hasen zwei! Direkt nebenan liegt das **LWL-Museum Kaiserpfalz** ❹.

Wir gehen zurück zu den Rädern, rollen weiter den Zwischen- und Pfeilwegweisern folgend **Richtung Hövelhof,** bis wir das dritte Quellgebiet der Pader an der Paderhalle erreichen. Hier sehen wir auch noch Überreste der alten Stadtmauer und zwei ihrer restaurierten Türme. Weiter geht es etwa 1 Kilometer bis zum Löffelmannweg, dort folgen wir rechts dem Pfeilwegweiser **Richtung Bad Lippspringe.**

Dazu müssen wir die Brücke über die eingleisige Bahnstrecke Paderborn–Bielefeld hochfahren und

*Die Ruine der im 14. Jahrhundert entstandenen **Burg Bad Lippspringe** ist das Wahrzeichen der Stadt und heute Schauplatz vieler Veranstaltungen. Direkt unterhalb entspringt eine der zahlreichen Quellen der Lippe aus einem 8 Meter tiefen Quelltopf.*

Liboriusquelle mit Trinkhalle

diese nach links queren. Von hier sehen wir links unten die große Gleisanlage und die Hallen des größten **DB-Ausbesserungswerks** in Deutschland. Hier werden täglich über 100 Bahnwaggons für den Güterverkehr instand gesetzt. Nach gut 100 Metern fahren wir rechts den Zwischenwegweisern folgend in den **Rotheweg** und überqueren unmittelbar den Bahnübergang der alten Bahnstrecke Paderborn–Bad Lippspringe, auf dem wir bald auch dahinrollen werden. Nach etwa 3 Kilometern endet der Radweg an der K 29 Diebesweg. Hier fahren wir 200 Meter links und an der Kreuzung dann rechts auf die Straße **An der Talle.** Etwa 150 Meter weiter, vor dem Bahnübergang, geht es links ab. 1 Kilometer weiter, wenn wir rechst den gelben Prellbock sehen, rollen wir dahinter unmittelbar auf die alte Bahntrasse. In Bad Lippspringe sehen wir aufgrund der Straßenbezeichnung Alter Bahndamm, wo einst der Bahnhof stand. Am Ende der Straße stoßen wir auf die Auguste-Victoria-Allee und folgen hier nach rechts dem **Pfeilwegweiser Lippequelle.** Nach etwa 600 Metern stehen wir vor der **Burgruine** ❺ und dem Quellteich der **Lippequelle.**

Wir radeln von der Liboriustrinkhalle rechts die **Lange Straße** hoch und weiter geradeaus in die **Bielefelder**

Straße. Der Radwegweisung mit dem Logo **Römer-Lippe-Route** folgen wir in Richtung **Paderborn,** etwa 600 Meter weiter geht es links in die **Berliner Allee.** Nun befinden wir uns auf dem alten Bahndamm der abgebauten Strecke Paderborn–Bad Lippspringe, kreuzen die L 814 und fahren weiter geradeaus Richtung Paderborn, bis wir die **K 29** erreichen. Hier folgen wir der Radwegweisung Richtung **Schloss Neuhaus** nach rechts über die B 1. Nach rund 300 Metern geht es links in den **Schatenweg.** Wir folgen den Zwischenwegweisern bis zum **Schloss Neuhaus** 6. Rund 100 Meter vorher überqueren wir die Brücke an der Bielefelder Straße, wo man wunderschön den Zusammenfluss von **Lippe** und **Pader** erkennen kann.

Vom Schloss kommend fahren wir nach rechts

__Schloss Neuhaus__ wurde in den Jahren 1524–1526 im Weserrenaissance-Stil von den Paderborner Fürstbischöfen als Residenz erbaut. Ab 1802 wurde es militärisch genutzt, zunächst von Preußen und 1945–1964 von der britischen Militärverwaltung.

Für die Seele

Wasser aus der Tiefe, vom Dunkel ans Licht. Quellen faszinieren Menschen schon immer mit ihrem Lebensquell, aus dem alles kommt. Wasser ist Ruhe und Lebensfreude zugleich.

im Uhrzeigersinn über die **Marstallstraße,** der Radwegweisung Richtung **Sande** und dem **Logo Römer-Lippe-Route** folgend. Nach etwa 200 Metern geht es links ab, und kurz darauf überqueren wir die **Almebrücke.** Die Alme ist rund 60 Kilometer lang und entspringt auf den Briloner Höhen im Sauerland. Der Radwegweisung folgend, fahren wir rechts weiter durch den Schloss- und Auenpark. Kurze Zeit später queren wir die Lippe und fahren rechts an den Lippeseen vorbei nach **Sande.** Wir folgen der Radwegweisung Richtung **Rietberg/Delbrück** und dem Logo **Römer-Lippe-Route.**

Fachwerk in Rietberg

In Delbrück sehen wir auf der **Oststraße** gleich hinter dem zweiten Kreisverkehr rechts das **Gasthaus Appel-Krug** 7 liegen, und etwas weiter sind ein paar schöne Fachwerkhäuser zu sehen. Straßennamen wie Bahnweg oder **Ladestraße** erinnern noch an die alte Sennebahn (Sandbahn), wie sie im Volksmund hieß, von Rheda-Wiedenbrück nach Paderborn. Wir fahren der Radwegweisung Richtung Gütersloh folgend über den Markt in die **Graf-Sporck-Straße.** Nach rund 200 Metern geht es links, der Radwegweisung folgend, in die Ladestraße und auf die alte Bahntrasse. Nach rund 7 Kilometern erreichen wir **Rietberg** 8.

__Rietberg__ wurde bereits 1100 urkundlich erwähnt. Nachdem das Schloss 1755 teilweise abgebrannt war, wurde es 1803 ganz abgerissen. Es gibt im Ort noch gut erhaltene Fachwerkhäuser, zudem das Rathaus, das mit seiner Doppeltreppe eines der schönsten ist.

Wir folgen der Radwegweisung Richtung **Rheda-Wiedenbrück** und benutzen weiter die einstige Bahntrasse, was durch eine noch vorhandene alte Schrankenanlage hier gut zu erkennen ist. Nach rund 7 Kilometern stehen wir vor den Toren von Rheda-Wiedenbrück. Auf einer Radwegbrücke überqueren wir die Ems und können dabei gut das Widerlager der früheren Eisenbahnbrücke über den Fluss erkennen. Wir rollen der Radwegweisung weiter folgend in die Stadtmitte des Ortsteils Wiedenbrück mit dem Landschaftspark **Flora Westfalica** 9 (Landesgartenschau 1988) ein. Die bis 1970 selbstständigen Städte

Bahnradweg ab Rietberg

Die **Wasserburganlage Rheda** entwickelte sich aus einer mittelalterlichen Burg, die erstmals 1170 urkundlich erwähnt wurde. Sie wurde von dem Kreuzritter Widukind von Rheda erbaut, der bei der Schlacht von Akkon fiel, und ist noch heute Wohnsitz der Familie.

Rheda und Wiedenbrück liegen beide an der Ems und sind heute durch den schönen Landschaftspark miteinander verbunden. Wir radeln durch den Flora-Westfalica-Park, der Radwegweisung in Richtung **Rheda/Gütersloh** folgend, weiter bis zum Stadtteil **Rheda.** Nach Querung der A 2 fahren wir nach rund 250 Metern links und gelangen über den **Fasanenweg** zum **Schloss Rheda ⑩.**

Wir verlassen die Schlossanlage auf dem **Steinweg** und radeln bis zum **Doktorplatz,** wo wir im **Carpe Diem ⑪** pausieren können.

Dahinter liegen die Straßen **Großer Wall, Kleine Straße** oder **Moosstraße** mit den historischen **Ackerbürgerhäusern.** Sie sind gekennzeichnet durch ein großes, rundbogiges Eingangstor. Ein Ackerbürger war ein Bauer mit Bürgereigenschaft, der seine Ländereien innerhalb der städtischen Feldmark bewirtschaftete.

Wir haben jetzt die Wahl, wieder zurückzufahren bis zum BahnRadweg oder den schnellsten Weg zum Bahnhof Rheda-Wiedenbrück zu nehmen. Der kürzere Weg führt vom **Doktorplatz** über die **Berliner Straße** in Richtung Ortsmitte/Kirche bis zur **Wilhelmstraße.** Hier biegen wir links ab und erreichen nach rund 500 Metern den Bahnhof.

Schloss Rheda

Bad Lippspringe–Paderborn Sennebahn

Vor Bad Lippspringe rollen wir rund 3 Kilometer lang auf der ehemaligen 11 Kilometer langen Bahnstrecke Bad Lippspringe–Paderborn, die am 8. Oktober 1906 eröffnet und am 29. Mai 1965 bereits eingestellt wurde.

Von Hövelhof über Delbrück nach Rheda-Wiedenbrück radeln wir auf längeren Abschnitten über die am 1. September 1902 eröffnete eingleisige Trasse der Sennebahn. Sie war eine Bahn der Westfälischen Landeseisenbahn (WLE), deren Betrieb bereits am 31. März 1958 eingestellt wurde. Die DB übernahm die Strecke und betrieb sie noch bis 1990 auf dem Teilstück Wiedenbrück–Delbrück weiter. Am 30. Juli 1995 wurde im Rahmen der Landesgartenschau-Route – die sechs Landesgartenschauen in NRW miteinander verbindet – der Radweg Rheda-Wiedenbrück–Paderborn eröffnet. Er verläuft rund 20 Kilometer auf der Bahntrasse.

Gütersloh
Rheda
Lintel
Am Jägerheim
Wiedenbrücker Straße
Rietberg
Am Bahnhof
Westerwiehe
Ems
Am Sporckhof
Rietberger Straße
Walde
Langenberg
Linnenstraße
Delbrück
Boker Kanal
Paderborner Straße
Ostenlaender Straße
Lippesee
Sennelager
Schatenweg
Diebesweg
Sudetenweg
Lippe
Bad
Lippspringe
Elsen
Alme
Pader
Paderborn
Lippstadt
Borchen
DB
P

Alles auf einen Blick

WIE & WANN:
Asphaltierte und außerorts oft wassergebundene Wege; keine nennenswerten Steigungen; ganzjährig empfehlenswert

HIN & WEG:
Auto: Parkplatz am Hauptbahnhof Paderborn (GPS 51.71257, 8.73767)
ÖPNV: RE 11, S 5, RB 72, 84, 85 und 89 bis Paderborn Hbf.; Rückkehr zum Ausgangspunkt: RB 67, 69 und 74 bis Paderborn

ESSEN & ENTSPANNEN:
Galerie Restaurant & Café ❷ Bachstraße 1, 33098 Paderborn, Tel. (0 52 51) 12 24-0
Hotel Gasthaus Appel Krug ❼ Oststraße 11, 33129 Delbrück, Tel. (0 52 50) 97 89-0
Bistro Carpe Diem ⓫ Doktorplatz, Berliner Straße 12, 33378 Rheda-Wiedenbrück, Tel. (0 52 42) 90 65 80

Entspannung ★★★★☆
Genuss ★★★★☆
Romantik ★★★★☆

ENTDECKEN & ERLEBEN:
Paderquellen ❶
Dom ❸ Domplatz, 33098 Paderborn
LWL-Museum Kaiserpfalz ❹ Am Ikenberg 1, 33098 Paderborn
Burgruine Bad Lippspringe mit Lippequelle ❺ An der Burg 1, 33175 Bad Lippspringe
Schloss Neuhaus ❻ Schlossstraße 10, 33104 Paderborn
Rathaus Rietberg ❽ Rügenstraße 1, 33397 Rietberg
Flora Westfalica ❾
Schloss Rheda ❿ Steinweg 16, 33378 Rheda-Wiedenbrück, Tel. (0 52 42) 9 47 10, www.schlossrheda.de

Die GPS-Daten zu jeder Tour gibt es auf
www.droste-verlag.de

2. Auflage 2021
Konzeption/Satz: Droste Verlag, Düsseldorf
Einbandgestaltung: Britta Rungwerth, Düsseldorf, unter Verwendung von Bildern von © Fotolia.com: Andrey Kuzmin, undrey, dabost, niroworld; © stock.adobe.com: suriyapong promcum/EyeEm, mitifoto
Fotos: Peter Wolter, außer:
Thomas Maria Claßen, Mönchengladbach: S. 26, 72; Susanne Filthaut: S. 161 oben; Esther von Krosigk: S. 88; LWL-Industriemuseum/Annette Hudemann: S. 106; Marta Herford/theothercara: S. 92; Monschau Touristik: S. 76; Kai Niederhöfer, Greven: S. 14, 17, 110; Michael Rennertz, Meerbusch: S. 96, 97, 98, 101, 122, 124, 126, 140, 144; Sauerland-Tourismus e. V./ Manfred Stromberg: S. 170; Wolfgang Schomberg, Verl: S. 9, 22, 74; Kai Stefes, Grevenbroich: S. 38, 39, 46, 48, 50, 64, 148, 151; www.schmallenberger-sauerland.de: S. 114, 116, 117, 118; www.stock-adobe.com: S. 1 (Florian Braun), 25 (nicoles-deko-shop.de), 30 (ErnstPieber), 33 (ErnstPieber), 34 (Manninx), 40 (Pixel62), 49 (mixalisbaron), 54 (Tanja Esser), 56/57 (Lars Paege), 59 (Anna Reinert), 80 (guidowalter15), 85 (pigprox), 131 (fotowinnie), 136 (ErnstPieber), 149 (KlausMJan), 150 (barbara buderath), 152 (brudertack69), 153 (brudertack69), 158 (Klaus Büth)
Karten: Sameena Jehanzeb, Bonn
Druck und Bindung: LUC GmbH, Greven

Alle Angaben in diesem Buch wurden sorgfältig recherchiert und geprüft.
Für die Richtigkeit der Angaben, für etwaige Unfälle und Schäden jeglicher Art kann keine Haftung übernommen werden; die Nutzung erfolgt auf eigenes Risiko. Abweichungen, die nach Redaktionsschluss erfolgten, konnten nicht mehr berücksichtigt werden. Hinweise und Änderungen nehmen wir gern entgegen.

FSC® www.fsc.org MIX Papier aus verantwortungsvollen Quellen FSC® C011279

ISBN 978-3-7700-2206-9
www.droste-verlag.de